高职高专规划教材

机 车 检 修

主编 张 江 李 皓

主审 周 侹

清华大学出版社

北京交通大学出版社

·北京·

内 容 简 介

本书共分10个模块，主要介绍了和谐交流机车转向架C5修、HX$_D$系列机车检修新装置、HX$_D$系列机车故障处理、CCBⅡ制动系统、DK-2型电空制动机、电力机车检修、电力牵引传动及控制系统、机车新技术、机车车载安全防护系统、专业技术应用文写作等知识。

本书可作为铁路机车检修专业的教材，也可作为铁路职工培训的参考书。

图书在版编目（CIP）数据

机车检修 / 张江，李皓主编. — 北京：北京交通大学出版社：清华大学出版社，2020.9

ISBN 978-7-5121-3870-4

Ⅰ.①机…　Ⅱ.①张…　②李…　Ⅲ.①机车检修–技术培训-教材　Ⅳ.①U269

中国版本图书馆CIP数据核字（2019）第051272号

机车检修

JICHE JIANXIU

责任编辑：黎　丹
出版发行：清华大学出版社　　　　邮编：100084　　电话：010-62776969　http://www.tup.com.cn
　　　　　北京交通大学出版社　　　邮编：100044　　电话：010-51686414　http://www.bjtup.com.cn
印　刷　者：北京鑫海金澳胶印有限公司
经　　　销：全国新华书店
开　　　本：185 mm×260 mm　　　印张：11.75　　　　字数：294千字
版 印 次：2020年9月第1版　　2020年9月第1次印刷
印　　　数：1～3 000册　　定价：39.00元

本书如有质量问题，请向北京交通大学出版社质监组反映。对您的意见和批评，我们表示欢迎和感谢。
投诉电话：010-51686043，51686008；传真：010-62225406；E-mail：press@bjtu.edu.cn。

前　言

本书的目标是拓宽铁路机车检修专业技师、高级技师专业知识，铁路管理及职工培训相关知识领域，培养具有扎实理论专业知识、掌握机车前沿技术、具有较强分析问题能力、具备较好操作技能的铁路机车运用人才。

在本书的编写过程中，我们查阅和汇总了大量参考资料并结合自身教学和实践经验对资料进行了提炼和完善，书中大量资料是编者深入企业调研与学习、亲自拍摄和搜集整理而成的。本书部分内容采用了图片与文字相结合的方式，以更简洁、更直观的方式展示专业知识及操作技能，以求更有效地为读者提供方便与服务。本书采用模块化安排内容，使整体内容分布更加清晰与紧凑。

本书由张江、李皓任主编，周倠任主审。全书由张江负责统稿完成，具体编写分工如下：模块1由陈宏编写，模块2由张权编写，模块3由袁帅编写，模块4由张江编写，模块5由隋永涛编写，模块6由李皓编写，模块7由李睿博、刘开创编写，模块8由刘立编写，模块9由刘真编写，模块10由孙炜编写。

本书的编写得到了铁路总公司职教处、全国18个铁路集团公司职教处、宝鸡机车检修厂、西安机车检修基地的大力支持，在此深表感谢。

由于编者水平有限，书中难免有不足及不当之处，恳请广大读者批评指正。

编　者
2020年7月

前　言

目　录

模块1
和谐交流机车转向架C5修

任务1.1 转向架总述

转向架是机车的走行部分，除了支承车体上部的重量和传递牵引力、制动力外，它对机车动力学性能、牵引性能和安全性能起着重要的作用。具体包括：保证轮轨间必要的黏着，使轮轨接触处产生必要的轮轨力，以保证机车正常的牵引和制动；缓和线路对机车的冲击，保证机车运行的平稳性和稳定性；保证机车顺利通过曲线和侧线。

1.1.1 HX$_D$3型机车转向架概述

HX$_D$3型机车转向架为三轴转向架，采用交—直—交传动；构架采用箱型梁焊接结构；基础制动采用轮盘制动；采用进口整体辗钢车轮；牵引装置采用低位平直单牵引杆；驱动装置采用单级斜齿轮传动，整体承载式齿轮箱；牵引电机采用滚动抱轴悬挂方式；轴箱采用螺旋弹簧加单轴箱拉杆结构；二系悬挂装置采用高圆簧结构。

HX$_D$3型机车的前、后两个三轴转向架的结构相同。转向架主要由构架、轮对及驱动装置、一系悬挂装置、电动机悬挂装置、基础制动装置、支承装配、牵引装置和附件装配等组成（见图1-1），本书主要介绍构架、轮对及驱动装置。

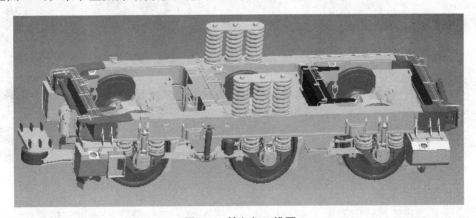

图1-1 转向架三维图

1.1.2 关于转向架的受力及传递

转向架在运行中主要承受三种力：纵向力、横向力和垂向力。

纵向力主要是机车的牵引力和制动力，其传递途径为：钢轨和车轮相互作用产生→车轴→轴箱→轴箱拉杆→构架→牵引杆→车体→车钩→列车。

横向力主要是通过曲线时的离心力和横向振动引起的附加力，其传递途径为：车体→横向和摇头止挡→构架→轴箱止挡→轴箱→轴承→车轴→车轮→钢轨。

垂向力是机车自身的重力和机车运行时的垂向振动引起的附加载荷，其传递途径为：车体→二系弹簧→构架→轴箱弹簧→轴箱体→轴承→车轴→车轮→钢轨。

这三种力是转向架设计和日常维修及故障检查的依据和指导性线索。

1.1.3 HX$_D$3型机车转向架的主要部件

1. 构架

构架是转向架的重大部件之一，是转向架众多部件联结的基体。构架也是承载和传力的基体，一系悬挂装置通过它与传动装置相连，传递车体的垂直载荷和承受轮对上传来的作用力。机车以各种工况运行时，构架承受来自车体及其上部设备重量的垂直载荷和由于机车振动引起的垂直附加动载荷；承受机车牵引或制动时产生的牵引力或制动力；承受机车通过曲线时的水平横向力和离心力等。因此，构架必须具有足够的强度和刚度，还要具有很好的抗疲劳性能。

HX$_D$3型机车构架采用高可靠性和轻量化结构，由Q345E钢板焊接成箱型梁结构。构架是由左右侧梁、前后端梁、牵引横梁、横梁和各种附加支座等组成，构架组焊后成框架式"目"字形结构。为减少构架的应力集中，各梁连接处采用圆弧过渡，圆弧需加工。

构架的牵引梁布置在构架的中间，其上焊有牵引座和牵引销。图1-2是构架三维图。

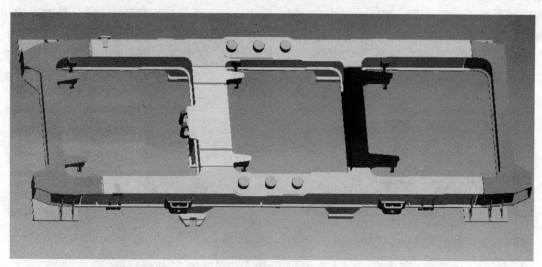

图1-2 构架三维图

2. 轮对及驱动装置

轮对及驱动装置是转向架的关键部件之一，机车绝大部分载荷均通过它传递给钢轨，牵引电动机所产生的扭矩也是通过它传至钢轨产生牵引力。机车运行时，轮对及驱动装置还承受钢轨接头、道岔、曲线通过和线路不平顺时的垂向作用力和水平作用力。

HX$_D$3型机车轮对及驱动装置由车轴，车轮装配，主、从动齿轮，滚动抱轴箱装配和齿轮箱装配组成。图1-3是轮对及驱动装置结构图。

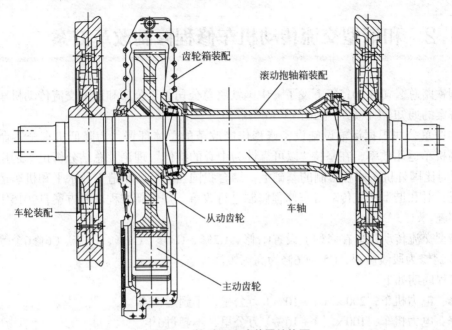

图1-3　轮对及驱动装置结构图

车轮装配包括整体车轮和摩擦盘组装。整体车轮采用进口整体辗钢车轮；摩擦盘采用进口KNORR公司标准铸铁摩擦盘。铸铁摩擦盘固定螺栓的力矩是60 N·m，该螺栓组装后严禁校核、复紧。图1-4是制动盘装配图。

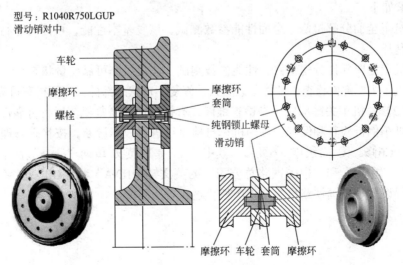

图1-4　制动盘装配图

机车车轮采用JM3磨耗型踏面，减少轮缘磨耗，提高车轮的使用寿命。车轮残余静不平衡值应不大于75 g·m。

车轮及齿轮等都是采用注油压装的方法，车轴材料采用符合GB 5068—1999 的JZ50钢，按照国内成熟的设计和加工方法生产。

任务1.2　和谐型交流传动机车修程修制改革方案

中国铁路总公司在2015年下发了《中国铁路总公司关于公布和谐型交流传动机车修程修制改革方案的通知》（铁总运〔2015〕30号）。

通知中总公司根据运输设施设备修程修制改革的总体部署，为降低机车全寿命周期费用，提高机车运用效率，在坚持"以可靠性为中心的维修"理论、总结分析机车运用检修数据、调研对比国外机车修程修制的基础上，结合我国当前装备制造工业水平和机车运用检修实际情况，对和谐型交流传动机车修程修制进行改革。规定新修程修制方案自2015年4月1日起开始实施。

和谐型交流传动机车在修程上设置C1修、C2修、C3修、C4修、C5修、C6修6个等级，其中C1修～C4修为段级修程，C5、C6修为高等级修程。

各修程周期如下。

C6修：电力机车，200×（1±10%）万公里，不超过12年。

C5修：电力机车，100×（1±10%）万公里，不超过6年。

C4修：电力机车，50 ×（1±10%）万公里，不超过3年。

C3修：电力机车，25 ×（1±10%）万公里，不超过1年。

C2修：电力机车，13 ×（1±10%）万公里，不超过6个月。

C1修：电力机车，7 ×（1±10%）万公里，不超过3个月。

修程要求如下。

C6修：机车全面分解检修，全面性能参数测试，恢复基本性能，可同时进行机车或主要部件的技术提升。

C5修：机车主要部件分解检修，性能参数测试，恢复机车可靠质量状态。

C4修：机车主要部件检查，性能参数测试，修复不良状态部件，恢复机车可靠质量状态。

C3修、C2修：机车关键部件重点检查维修，有针对性地恢复机车运行可靠性。

C1修：机车例行检查和保养，利用机车自检系统进行故障诊断，按状态修理。

注：C1～C6修，读作1级修～6级修，其中"C"是取英文单词"class"首字母，含义为"等级"，也是"中国"和"中国铁路总公司"的英文"CHINA"和"CR"首字母，代表C1修～C6修修程设置是中国铁路自主知识产权。

任务1.3　HX$_D$3型机车C5修规程总述

检修过程按照《HX$_D$3型电力机车检修技术规程（C5修）》转向架部分的规定执行，主要分为：构架，轮对，轴箱，驱动装置，电机悬挂，一、二系弹簧及减振垫，牵引装置，基础制动装置，转向架附件等。检修流程主要分为：转向架解体、各部件检修、转向架组装等过程。

1.3.1　构架

① 对构架牵引销座、弹簧座、轴箱拉杆座、油压减振器座、制动器吊座、电机吊杆座进行焊缝探伤，不许有裂纹；有裂纹时，允许消除裂纹后焊修。对牵引销1∶5圆锥部位及根部过渡圆角处进行除漆探伤，不许有裂纹。

② 构架各梁不许有裂纹、开焊、硬伤和局部变形，牵引销、弹簧座、轴箱拉杆座、油压减振器座、制动器吊座、电机吊杆座安装面不许有变形、裂损。

③ 构架螺纹孔螺纹状态良好，螺纹不许有断扣、乱扣、毛刺和碰伤。

图1-5是构架结构图。

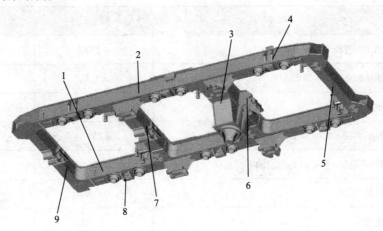

图1-5　构架结构图

1—左侧架；2—右侧架；3—牵引横梁；4—减振器座；5—前端梁；
6—电机吊杆座；7—横梁；8—轴箱止挡；9—后端梁

1.3.2　轮对

① 轴箱解体时，对车轴轴颈、防尘座及过渡圆弧部位进行磁粉探伤，不许有裂纹。

② 轴箱拆解时，车轴轴颈允许等级修，车轴轴颈与轴承的组装过盈量须符合限度规定，轴颈拉伤深度及车轴端面镟修量均须符合限度规定。车轴禁止焊修。

③ 车轴M24螺纹孔状态良好，螺纹不许有断扣、乱扣、毛刺和碰伤。

④ 对车轮轮辋及踏面进行超声波探伤、轮辋磁粉探伤，不许有裂纹及超标缺陷。

⑤ 车轮滚动圆直径、轮辋宽度、轮缘高度、轮缘厚度均须符合限度要求。

⑥ 轮对内侧距、同轴轮对内侧距差、车轮踏面滚动圆直径（轮径）及轮径差均须符合限度规定。

⑦ 车轮禁止焊修。

图1-6是轮对三维示意图。

图1-6 轮对三维示意图

轮对限度如表1-1所示。

表1-1 轮对限度表   单位：mm

序号	名　称	原形	C5限度
1	抱轴承座直径（大端）	ϕ 257.3	ϕ 257.3
2	抱轴承座直径（小端）	ϕ 255.7	ϕ 255.7
3	抱轴承横动量	0.1~0.2	0.1~0.2
4	齿轮座直径（大端）（距轴肩474）	ϕ 259.44	ϕ 259.44
5	齿轮座直径（小端）（距轴肩344）	ϕ 256.84	ϕ 256.84
6	车轴轴颈直径	ϕ 160	ϕ 160
7	轮座直径	ϕ 252	$\geqslant \phi$ 250
8	防尘座直径	ϕ 195	$\geqslant \phi$ 193
9	轮座拉伤深度	—	$\leqslant$ 1
10	轴颈拉伤深度	—	$\leqslant$ 1
11	车轴断面镟修量	—	$\leqslant$ 1
12	滚动圆直径	ϕ 1 250	$\geqslant \phi$ 1 200
13	轮辋宽度	140	$\geqslant$ 136
14	轮对内侧距	1 353	1 353

续表

序号	名　　称	原　形	C5限度
15	同轴轮对内侧距	≤1	≤1
16	同一轴滚动圆直径差	≤1	≤1
17	同一转向架滚动圆直径差	≤1	≤2
18	同一机车滚动圆直径差	≤1	≤4
19	轮缘厚度	34	≥29.5
20	轮缘高度	28	28
21	踏面偏差	≤0.5	≤0.5

注：本表内的1~10项内容只在对应部位拆解时执行。

1.3.3　轴箱

① 外观检查轴箱体及前后端盖，不许有裂损，轴端压盖良好，轴箱吊钩不许有裂纹。对轴箱体拉杆座前加工端面、弹簧座与母体的连接根部进行探伤检查。

② 轴箱体螺纹孔状态良好，螺纹不许有断扣、乱扣、毛刺和碰伤。

③ 轴箱接地装置不许有裂损，绝缘件、密封件、紧固件状态良好；电刷不许有裂纹、压力正常；电刷长度、接触面积须符合限度要求；接地铜轴不许与端盖 ϕ 56 内孔面相磨；接地线固定螺栓与端盖绝缘良好；圆锥弹簧不许有裂纹和较大变形，自由高须符合限度表规定。

④ 轴箱轴承解体、清洗、检测、检修，状态良好。

⑤ 轴箱横动量须符合限度要求。

⑥ 轴箱拉杆不许有变形，探伤不许有裂纹；轴箱拉杆橡胶关节不更新。

⑦ 拆卸的紧固件要更新，二、五轴防尘圈要更新。

图1-7是轴箱外形图，图1-8是轴箱分解图。

图1-7　轴箱外形图

图1-8　轴箱分解图

轴箱限度表如表1-2所示。

表1-2　轴箱限度表　　　　　　　　　　单位：mm

序号	名　称		原　形	C5限度
1	车轴对轴箱横动量	KAG	端轴：0.3~0.6 中间轴：30	端轴：0.3~0.8 中间轴：30
		KSF	端轴：0.4~0.7 中间轴：30	端轴：0.4~0.7 中间轴：30
2	接地电刷长度		58	≥51
3	电刷接触面积		—	70%
4	圆锥弹簧自由高度		170	≥165
5	轴承内圈与车轴过盈量		0.027~0.077	0.027~0.077

1.3.4　驱动装置

1. 抱轴箱

① 抱轴箱各零部件状态须良好。

② 外观检查抱轴箱，箱体不许有裂损、变形。对抱轴箱箱体与电机结合面进行磁粉探伤检查，不许有裂纹。

③ 抱轴承不许有异音，补脂180～200 g。

图1-9是抱轴箱外形图。

图1-9　抱轴箱外形图

2. 主、从动齿轮

① 从动齿轮与车轴不许有弛缓现象。

② 齿轮齿廓和齿廓端面探伤检查不许有裂纹；齿轮禁止焊修。

③ 齿形偏差、公法线长度、齿边角折损、齿面剥离、点蚀剥落面积须符合限度要求。

④ 主动齿轮压入量符合限度要求。

3. 齿轮箱

① 外观检查齿轮箱，箱体不许有裂纹，通气孔、泄油孔、注油孔畅通；箱体内不许有污垢；清洁通气器。

② 外观检查上下箱体，合口配合良好，定位销作用可靠。

③ 齿轮箱组装后不许与齿轮接触；迷宫式密封环间隙须均匀；各螺紧固，防缓件齐全。

④ 更新润滑油，更新解体部位的垫圈、密封垫和O形圈。

此外，拆卸的紧固件要更新。驱动装置组装后，按相关技术规范进行温升、泄漏和振动试验。

1.3.5　悬挂装置

1. 电机悬挂装置

① 电机吊杆不许有裂纹。

② 橡胶关节状态、紧固件要更新。

③ 电机吊杆与电机间隙不小于2 mm。

2. 一、二系弹簧及油压减振器

① 对一、二系弹簧外观进行检查，不许有裂损、压死；进行探伤检查，不许有裂纹。

② 一、二系弹簧自由高、试验压缩高及同轮对、同转向架试验压缩高之差均须符合限度规定。一、二系弹簧配组时允许加垫调整。

③ 检测一、二系弹簧横向自由偏移方向，按图纸要求进行组装。

④ 一、二系减振垫要更新。

⑤ 油压减振器须进行解体检修，橡胶关节、橡胶件要更新；进行性能试验须符合油压减振器试验参数要求。试验合格后，平放24 h不许有渗漏；紧固件要更新。

限度表如表1-3所示。

表1-3　限度表

单位：mm

序号	名　　称	原　形	C5限度
1	轴箱弹簧自由高度	222±2	222±4
2	轴箱弹簧试验工作高度	173.4±2	173.4±4
3	二系弹簧自由高度	565	565
4	二系弹簧试验工作高度	460.8	460.8
5	同一轮对轴箱弹簧试验工作高度	≤1	≤2
6	同一转向架轴箱弹簧试验工作高度	≤2	≤4
7	同一转向架二系弹簧试验工作高度	≤3	≤4

1.3.6　牵引装置

① 对牵引杆解体、检修；对牵引杆所有焊缝进行除漆探伤检查，不许有裂纹。

② 橡胶关节、橡胶O形圈、橡胶垫、M24螺栓要更新。

③ 对牵引销1∶5圆锥部位及根部过渡圆角处进行除漆探伤，不许有裂纹。

④ 对安全吊索进行外观检查，不许有断股和腐蚀现象，开口销要更新。

图1-10是牵引装置外形图。

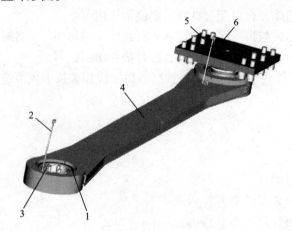

图1-10 牵引装置外形图

1—橡胶关节；2、5—钢丝绳；3—安全索座；4—牵引杆体；6—牵引销装配

1.3.7 基础制动装置

1. 制动盘

① 制动盘上不许有从内径贯穿到外径或贯穿到散热片的穿透裂纹；不许使用灼烧痕迹超过1 cm²、整个摩擦面上碎片总量超过5 cm²的车轮制动盘。

② 制动盘摩擦面凹陷磨损不大于2 mm，划痕深度不大于1.5 mm，裂纹不允许超出相关规定。（不许有$a>100$ mm或$b>80$ mm的裂纹；不许有80 mm$<a<$100 mm或60 mm$<b<$80 mm的裂纹，裂纹间距小于50 mm。a表示裂纹与摩擦盘内径或外径之间有10 mm的最小距离；b表示裂纹接触到摩擦盘的内径或外径，或者其间有不到10 mm的间距）

③ 单个制动盘最大磨损量不大于3 mm；统一车轮两侧制动盘磨耗差值不大于2 mm。

④ 紧固件松动、丢失的，要更新整盘紧固件。

2. 制动单元

① 对制动夹钳单元进行解体、检修，更新紧固件、工程塑料件及橡胶件。

② 制动闸片更换时，同一制动夹钳单元闸瓦厚度差不大于2 mm；不同厂家的闸片不许混装；制动闸片厚度要符合要求。

③ 制动单元检修后要进行气密性、行程、制动力、间隙调整等性能试验，且要符合相关要求。

④ 制动单元装车后要进行闸片间隙测试，制动缓解时制动单元闸片与盘间隙两侧之和不大于4 mm。

图1-11是制动夹钳单元外形图。

图1-11　制动夹钳单元外形图

1.3.8　附件

① 轮缘润滑组装。

- 风、油管路清洁、完好，不许有裂损，安装要牢固。
- 调压阀、喷头、塞门等要完好，作用正常。
- 油脂罐安装要牢固，表面清洁；油脂罐重新注油脂。
- 紧固状态良好，螺栓防缓标记要清楚、规范。
- 组装注油后试验作用良好，喷射位置正确，管路不许有泄漏。
- 拆卸的紧固件、气管接头密封圈要更新；更新橡胶软管。

② 干式轮缘润滑装置要清洁，不许有裂损，安装位置要正确、牢固，润滑作用良好；碳棒长度不小于原长度的2/3。

③ 牵引电机进风道要更新。

④ 对扫石器支架进行探伤，不许有裂纹，胶皮挡板要更新。

⑤ 转向架球形侧挡磨耗量不大于2 mm，侧挡间隙不足可加垫调整。

⑥ 砂箱不许有裂损和明显变形；砂箱盖须动作灵活，密封性良好。

⑦ 撒砂装置须作用良好，连接紧固处不许有松缓现象，撒砂软管、烧结板、硅橡胶垫要更新，管路要畅通，撒砂管距轨面高度要符合要求。

⑧ 空气管路须清洁，连接状态要良好。

⑨ 踏面清扫器要安装牢固。

⑩ 接地线要更新。

任务1.4　HX$_D$3型机车转向架拆解

1.4.1　整车与转向架拆卸

整车与转向架相连接的装配包括：二系悬挂装置、牵引杆装配、车上与转向架连接线缆牵引电机通风道、连接软管等。

1. 二系悬挂装置拆卸

① 松开二系垂向减振器与转向架侧连接螺栓M16×90，卸下二系垂向减振器（见图1-12）。

② 松开二系横向减振器连接螺栓M20×90和M20×100，卸下二系横向减振器（见图1-13）。

每台机车共4个二系垂向减振器和4个二系横向减振器。

图1-12　二系垂向减振器

图1-13　二系横向减振器

2. 牵引杆装配拆卸

① 在地沟内使液压升降机（见图1-14）上平面升到牵引杆体下表面。

图1-14　液压升降机

② 将牵引杆端钢丝绳安装中销、开口销拆下。

③ 拆下牵引销内六角螺栓M24×130及钢丝，取下托板。

④ 使牵引杆体与牵引销分离，同时降低升降机，直至牵引杆体完全脱离牵引销。

图1-15是牵引杆组装图。

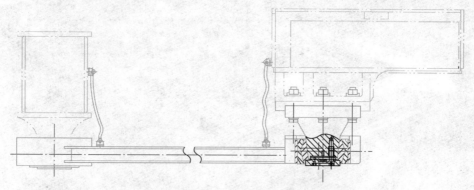

图1-15　牵引杆组装图

3. 车上与转向架连接线缆

① 松开机车速度传感器软管固定螺栓与管卡，拔出与车体连接的插头。

② 松开二系接地线安装螺栓，拆下二系接地线。

③ 拆下轴温报警装置转向架与车体的接线插头。

④ 断开电机三相线、电机速度传感器和电机接地线，拔出插头。

图1-16是车上与转向架连接线缆图。

图1-16　车上与转向架连接线缆图

4. 牵引电机通风道拆卸

用架车机或吊车起架车体升高200 mm，松开牵引电机通风道电机侧螺栓M12×35。

5. 连接软管拆卸

断开车体与转向架连接处软管。最后，启动架车机，使车体升高一定高度，在二系弹簧完全露出安装座后推出转向架。

图1-17是转向架实物图。

图1-17　转向架实物图

1.4.2　转向架解体

① 拆解前用定位器将轮对固定好，用支座固定好电机。

② 拆下所有空气管路、电线管的管卡及固定螺栓，并分类存放。

③ 松开机车速度传感器内六角螺栓M8，拆下速度传感器。

④ 断开制动管与制动单元连接接头体（包括弹簧停车），断开配管与撒砂器连接；管路整体拆下，对管口进行封堵，用螺堵封住制动单元的风缸。

⑤ 拆卸撒砂装置。

• 松开螺栓M6、垫圈，拆下固定撒砂管的线扎。

• 松开固定螺栓M8、垫圈，分离撒砂管与支架，注意撒砂管与撒砂器不得断开，整体拆下。

• 松开撒砂器固定螺栓M12、垫圈，拆下撒砂装置。

⑥ 松开润滑器固定螺栓M12、垫圈、螺母，拆下轮缘润滑器。

⑦ 松开螺栓M16、垫圈，拆下侧挡装配。

⑧ 拆卸扫石器

• 松开螺栓M16和垫圈，将定位板和支架从砂箱底部拆下。

• 拆下防松钢丝，松开螺栓M16、垫圈，拆下扫石器。

⑨ 松开接地装置接地线固定螺栓M12，拆下接地线。

⑩ 拆卸一系悬挂装置。

- 松开轴箱拉杆的外侧固定螺母M20，松开内侧固定螺母M20、螺栓、套管，拆下轴箱拉杆。
- 松开吊钩固定螺栓M16，分离吊钩与轴箱体。
- 松开一系垂向减振器与构架连接螺栓M16、螺母、垫圈，松开一系垂向减振器与轴箱连接螺栓M16和垫圈，拆下一系垂向减振器。

⑪ 拆卸电机悬挂装置。

- 用吊车和软带固定电机吊杆，防止拆卸完成后电机吊杆脱落。
- 松开电机吊杆与构架连接螺栓M30、套管，松开电机吊杆与电机连接螺栓M30、垫圈和螺母，拆卸电机吊杆。

⑫ 吊车吊起构架前确认每个轮对已经固定、每个支座固定好电机、每个轴箱用支座固定好。吊车缓慢吊起转向架构架（起吊前松开制动单元手动调节螺母），拆下轴箱弹簧、吊钩，拆下垫片。

⑬ 拆卸制动单元。

- 拆卸前用吊车和软带吊稳制动单元，防止拆卸后制动单元脱落。
- 拆下构架制动吊座上制动单元的螺栓M16。
- 拆卸制动吊座上的安装螺栓M16、螺母，拆下制动单元。

任务1.5　HX$_D$3型机车转向架主要部件检修

1.5.1　轮轴驱动系统

　　轮轴驱动系统，在转向架上拆下后的状态是带轴箱装配和轮对，检修时需用压装机将轴箱体和轴承从车轴上拔下，轴箱体发往下道工序按检修规程要求做尺寸检查和探伤检查，检修合格的轴箱体重新上油漆。轴箱轴承拆下后发往专业的轴承厂家检修，进行内外圈状态及探伤检查、滚子尺寸检查、保持架检查、密封罩检查等，各零件合格后重新组装、加脂，检测轴承横动量。图1-18是轴承实物图，图1-19是轴承的图纸。

图1-18　轴承实物图

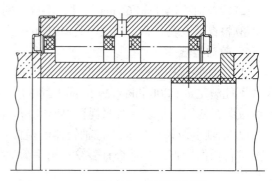

图1-19　轴承的图纸

1. 轴承拆卸

使用轴承拆装机拆卸轴承，拆卸时先将牵引柱连接到轴承拆装机的活塞杆上，再将轴承拆装机推到车轴端部，调节牵引柱高度，使牵引柱前端的定位用圆锥尖正对轴头的中心孔。

在防尘圈后端轴颈上装上拆轴承用挡板，将四根拉杆的螺纹端穿入轴承拆装机，拧上螺母；四根拉杆的另一端穿入挡板的孔内，旋转拉杆使拉杆不会从挡板孔内穿出；对四根拉杆的螺母位置进行调节，保证拉杆的工作长度一致。开动轴承拆装机进行拆卸，如果发现轴承拆装机翘起或者左右偏移，则重新调整螺母位置，使拉杆的工作长度一致，轴承内圈全部从轴颈拉出后关闭轴承拆装机，转动拉杆，将轴承拆装机推开。图1-20是轴承拆装机。

图1-20 轴承拆装机

2. 轴箱体检修

在轴箱体与轴承外圈的配合部位均匀喷洒适量的松锈灵，待松锈灵渗透入轴箱体与轴承外圈的配合部位后，用铜棒按对角方向轻砸轴承外圈，使轴承外圈从轴箱体中滑出。如果因锈蚀等原因造成轴承外圈从轴箱体中无法拆出，则用液压千斤顶将轴承外圈从轴箱体中顶出。

轴箱体检修要求如下。

① 探伤部位：轴箱体拉杆座前加工端面、弹簧座与母体的连接根部。

② 检查轴箱拉杆座265 mm尺寸，不合格的，要补焊加工。

③ 检查螺纹孔状态，螺纹不许有断扣、乱扣、毛刺和碰伤。

3. 轮对检修

① 驱动装置中的牵引电机拆下后发电机厂家按要求检测。检测滚动圆直径及轮缘厚度，尺寸不能满足ϕ1 200 mm和29.5 mm尺寸的，拆下制动盘，轮饼报废；满足要求的车轮镟修后继续装车使用。制动盘按照规程内容检修。

② 抱轴承及齿轮检修。抱轴箱体的检修主要是：外观检查箱体是否有损坏；对电机配合面进行探伤检查，看是否有裂纹；用手盘动抱轴箱箱体，检查抱轴箱轴承是否有异音和卡滞现象。

主、从动齿轮按规程要求进行齿形和齿廓检查，主要工具包括齿形样板、磁粉探伤机等。

上述零部件检修合格后，重新组装，例行试验合格后可作为转向架装配的零部件。

1.5.2 轴箱拉杆、电机吊杆检修

检修流程是：外观检查、解体、喷丸打砂、探伤检查、工件清理、油漆、钢字标识、毛刺清理、更新压装、填写检修记录、完工检查。

① 外观检查。橡胶关节要更新；杆体不许有磕碰、变形。

② 解体、探伤。用专用压装机和工装将橡胶关节拆下，对杆体进行探伤检查；压装新关节。

③ 杆体置于专用工装垫铁上，保证端面与垫铁接触平实，定位准确；杆体两孔内和橡胶关节分别涂油待装，涂油面积应大于杆体孔和橡胶关节的1/2，并保证涂油均匀；用油压机将橡胶关节压入杆体孔内，注油压力不小于20 kN。

④ 刻印钢号，填写记录单。HX$_D$3型机车C5修落车后，部分电机吊杆的外侧端壁与牵引电机法兰盘的间隙过小，对电机吊杆的外侧端壁厚度进行检测，并对壁厚尺寸超差的电机吊杆进行加工或打磨直至满足尺寸要求。图1-21是电机吊杆尺寸示意图。

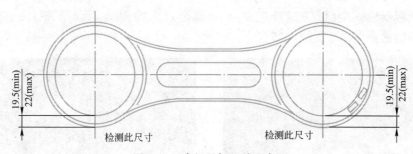

图1-21 电机吊杆尺寸示意图

1.5.3 构架检修

构架喷丸打砂后，对焊缝进行探伤，检查牵引电机吊杆座螺纹孔、牵引销螺纹孔、二系横向止挡螺纹孔、扫石器安装螺纹孔等。如果发现电机吊杆座和牵引销螺纹孔有断扣、乱扣，应用镶钢丝螺套的方法进行修复。

1.5.4 牵引杆检修

将牵引杆橡胶关节用专用压力机拆下，更新橡胶关节，对牵引杆体焊缝部位去漆、探伤，如有裂纹，采用打磨补焊的方法修复。

任务1.6 HX$_D$3型机车转向架组装

1. 踏面清扫装置组装

① 将踏面清扫装置支座用螺栓M16×45、垫圈16把紧在构架上（见图1-22）。

② 再将踏面清扫装置用螺栓M16×60、垫圈16把紧在支座上（见图1-23）。

图1-22　踏面清扫装置组装（一）　　　　图1-23　踏面清扫装置组装（二）

2. 基础制动装置组装

① 将基础制动用螺栓M16×70、螺母M16把紧到构架的制动座上，把紧力矩为270 N·m，画防松标识线（见图1-24）。

② 再用基础制动自带的螺栓把基础制动把紧到构架的制动吊座上，把紧力矩为100 N·m，画防松标识线（见图1-25）。

图1-24　基础制动装置组装（一）　　　　图1-25　基础制动装置组装（二）

3. 砂箱组装

用螺栓A M20×65、弹簧垫圈20把砂箱把紧在构架砂箱座板上，把紧力矩为385 N·m，画防松标识线（见图1-26和图1-27）。

图1-26　砂箱组装（一）　　　　　　图1-27　砂箱组装（二）

4. 轴箱组装

① 将压装好的轮对电机吊运至轴箱压装台位，取出两种轴承（1、3、4、6轴用的轴承型号为FAG801804；2、5轴用的轴承型号为FAG804116）。

② 将2、5轴的轴承内圈拆卸下来，以备在2、5轴热套轴承内圈（见图1-28和图1-29）。

图1-28　轴箱组装（一）

图1-29　轴箱组装（二）

③ 擦净车轴轴颈、防尘圈。

④ 根据防尘圈与车轴防尘座配合过盈量为0.031～0.106 mm，轴承内圈与车轴轴承座外径配合过盈量为0.027～0.052 mm，选配防尘圈和轴承（见图1-30）。

图1-30　轴箱组装（三）

⑤ 组装轴箱体。组装前在后盖与轴箱体的安装面涂抹适量的7091密封胶，之后将各轴的轴箱后盖用螺栓M20×1.5×45、弹簧垫圈20把紧到轴箱体上，把紧力矩为385 N·m，并画上防松标识线（见图1-31和图1-32）。

图1-31　轴箱组装（四）

图1-32　轴箱组装（五）

⑥ 在1、3、4、6轴对应的箱体上装上轴承，在2、5轴对应的轴箱体上装上轴承外套，组装前在轴承外圈外径上涂抹适量润滑膏（TRIBO PASTE L-2/3S）（见图1-33和图1-34）。

图1-33　轴箱组装（六）

图1-34　轴箱组装（七）

⑦ 热套各轴防尘圈和2、5轴的轴承内圈，并将2、5轴轴箱体组装到轴上。

⑧ 将选配好的防尘圈和2、5轴用的轴承内圈擦净，用电热器加热，加热时间为150～180 s，加热温度为90～100 ℃。

⑨ 带上棉手套取下防尘圈，热套到各车轴上并靠紧（见图1-35和图1-36）。

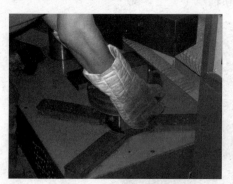

图1-35　轴箱组装（八）

图1-36　轴箱组装（九）

⑩ 取出2、5轴的轴承内圈热套到车轴上并推靠，使防尘圈和轴承内圈之间轴向密贴（见图1-37）。

⑪ 将2、5轴轴箱体用吊车吊起，套到已经装好轴承内圈的车轴上（见图1-38和图1-39）。

图1-37　轴箱组装（十）

图1-38　轴箱组装（十一）

图1-39　轴箱组装（十二）

⑫ 在1、3、4、6轴对应的轴箱上装上轴承，将轴箱体的轴承内圈内表面和车轴外表面擦净，用螺栓将导向套把紧在车轴端部，在轴箱体的轴承内圈内表面和车轴外表面均匀涂抹润滑膏（TRIBO PASTE L-2/3 S）（见图1-40和图1-41）。

⑬ 将整个轴箱体用吊车吊起，套在导向套上，再将导向套外套套入导向套中并靠在轴承外端面（见图1-42）。

⑭ 将轴承压装机推至导向套正前方，调整压头高度和水平位置，使压头顶住导向套正中间；把紧好各部位，开动压装机，将油压升至4～5 MPa，使轴承逐渐压入轴颈处，当靠上防尘圈后，将油压升至20 MPa并保持10 s，然后退压，再上压到20 MPa并保持10 s，如此反复3次，最后退压，将压头退回（见图1-43）。

图1-40　轴箱组装（十三）

图1-41　轴箱组装（十四）

图1-42　轴箱组装（十五）

图1-43　轴箱组装（十六）

⑮ 轴箱齿侧组装。

• 检查压盖和端盖等有无缺陷，擦净压盖、端盖各处。

• 将接地铜棒小径端压入压盖中心孔内，使接地铜棒大径端面与压盖端面密贴，压装前在接地铜棒小径表面涂抹适量润滑膏（TRIBO PASTE L-2/3S）；用螺栓M24×50将压盖把紧在各个轴头上，把紧力矩为650 N·m，再用ϕ1.6×600钢丝把螺栓锁死（见图1-44和图1-45）。

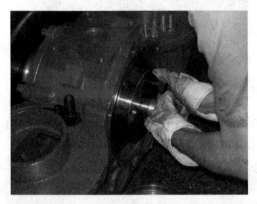

图1-44　轴箱组装（十七）　　　　　　　　图1-45　轴箱组装（十八）

⑯ 将各轴的前端盖与轴箱体的安装面加橡皮圈，再用螺栓M20×1.5×45、垫圈20把紧到轴箱体上，把紧力矩为385 N·m，并画防松标识线（见图1-46）。

⑰ 将接地线装置把紧在轴箱前端盖上，并画防松标识线（见图1-47）。

图1-46　轴箱组装（十九）　　　　　　　　图1-47　轴箱组装（二十）

⑱ 轴箱非齿侧组装（见图1-48和图1-49）。

• 检查压盖、垫片和端盖等有无缺陷，擦净压盖、端盖各处。

• 用螺栓M24×50将压盖、垫片把紧在各个轴头上，把紧力矩为650 N·m，再用钢丝ϕ1.6×600把螺栓锁死。（组装压盖前，在非齿侧2、5轴承中装入自带的挡环）

• 组装前在前端盖凸台根部装上橡皮圈，将各轴的前端盖用螺栓M20×1.5×45、垫圈20把紧到轴箱体上，把紧力矩为385 N·m，并画上紧固线，用胶带把2、5轴前端盖孔密封（注：没有减振器座的前端盖是2、5轴的）。

图1-46　轴箱组装（二十一）

图1-47　轴箱组装（二十二）

5. 转向架座轮组装

① 将已组装完轴箱的轮对电机吊运至座轮胎位，并将轴箱翻转，用轴箱顶座把轴箱固定，使其左右不能摆动，以便组装。摆放轮对电机时，注意摆放的顺序，摆放距离1、2轴2 250 mm，距离2、3轴2 000 mm（见图1-50）。

② 用套管、螺栓M20×150和防松螺母M20将轴箱拉杆把紧在轴箱体上，紧固力矩内侧为320 N·m、外侧螺母为200 N·m，并画防松标识线（见图1-51）。

③ 先在轴箱弹簧座上加调整垫调整，之后装上减振垫。

图1-50　转向架座轮组装（一）

图1-51　转向架座轮组装（二）

④ 用吊车将各电机吊杆吊运至各个电机的吊座上，将螺栓B M30×160、螺母B M30、弹簧垫圈30拧紧在各个牵引电机的电机吊座上（见图1-52和图1-53）。

图1-52　转向架座轮组装（三）

图1-53　转向架座轮组装（四）

⑤ 用螺栓M20×160、螺母M20将轴箱拉杆把紧在构架的拉杆座上，紧固力矩内侧螺母

为320 N·m，外侧螺母为200 N·m，并画防松标识线（见图1-54和图1-55）。

⑥ 紧固轴箱拉杆螺栓时，应尽量保证轴箱拉杆与轴箱拉杆座两个侧面的间隙距离一致，可用量块检查两个侧面的间隙距离，如果两个侧面间隙的距离过大，则重新调整后再紧固轴箱拉杆。

图1-54　转向架座轮组装（五）　　　　图1-55　转向架座轮组装（六）

⑦ 用螺栓M16×35、弹簧垫圈16将吊钩把紧在轴箱吊钩座上，把紧力矩为195 N·m，并画防松标识线（见图1-56和图1-57）。

图1-56　转向架座轮组装（七）　　　　图1-57　转向架座轮组装（八）

6. 安装垂向减振器

① 将前后两端的减振器的一端用螺栓M16×40、弹簧垫圈16安装在轴箱减振器座上，紧固力矩为195 N·m，并画防松标识线（见图1-58）。

② 再将前后两端减振器的另一端用螺栓M16×80、弹簧垫圈16、螺母M16、销4×30安装在构架减振器座上，以销穿过槽内为准，销张开角度为90°，并画防松标识线（见图1-59）。

图1-58　垂向减振器安装（一）　　　　图1-59　垂向减振器安装（二）

7. 撒砂管装配

① 用螺栓 M16×55 和弹簧垫圈 16 将定位板和支架装配把紧在砂箱的底部，把紧力矩为 195 N·m，并画防松标识线（见图 1-60）。

② 用螺栓 M20×65 和弹簧垫圈 20、螺母 M20 把支板把紧在支架装配上，把紧力矩为 385 N·m，并画防松标识线（见图 1-61）。

图 1-60　撒砂管装配（一）　　　　　　图 1-61　撒砂管装配（二）

8. 接地线装配

在转向架齿侧端的每个轴箱上用自带螺栓 M12×35 把紧接地线（长 600 mm，宽 35 mm，厚 3.2 mm）的一端，把紧力矩为 75 N·m，并画紧固线；另一端用螺栓 A M12×30、平垫圈 12、弹簧垫圈 12 把紧在构架侧梁的接地线座上，把紧力矩为 45 N·m，并画防松标识线（见图 1-62 和图 1-63）。

图 1-62　接地线装配（一）　　　　　　图 1-63　接地线装配（二）

9. 轴箱止挡装配和砂箱盖安装

① 在 2、5 轴左右两侧的轴箱止挡座上用螺栓 M12×35、弹簧垫圈 12 将轴箱止挡把紧，把紧力矩为 110 N·m，并画防松标识线（见图 1-64）。

② 用螺栓 A M10×25，并平垫圈 10 将砂箱盖把紧到砂箱体上，螺栓把紧力矩为 45 N·m，并画防松标识线（见图 1-65）。

图1-64　轴箱止挡装配

图1-65　砂箱盖安装

任务1.7　转向架与整车安装

1. 二系悬挂装置安装

二系悬挂装置安装是关键工序，且为交检项目，工序操作过程需质量检查员现场监督执行。

1）安装侧挡装配

用螺栓M16×35（件号7）、垫圈16（件号8）将侧挡装配紧固到安装座上，并对螺栓进行预紧。

待机车组装完成后，将机车调入标准轨道，测量球形侧挡与车体间间隙L_x，且L_x应满足：同转向架球形侧挡与车体间间隙左右之和在30～40 mm之间，即30 mm≤$L_左$+$L_右$≤40 mm。

待测量结果合格后，对螺栓进行紧固，具体操作如下。

① 调整力矩扳手的力矩值为66 N·m，按顺序对螺栓进行预紧固。

② 调整力矩扳手的力矩值为110 N·m，按顺序对螺栓进行紧固。

③ 将紧固后的螺栓用红色线号笔画好防松标识线。

2）安装高圆簧

高圆簧选配应符合以下要求。

① 二系弹簧自由高度：561～570 mm。

② 二系弹簧工作高度：456.8～463.8 mm。

③ 同一转向架二系弹簧试验工作高度差H_1：H_1≤4 mm。

3）安装二系减振器

（1）二系横向减振器的安装方法如下。

① 减振器细的一端安装到转向架侧。

② 减振器铭牌朝向转向架外侧。

③ 减振器上标明红点的位置朝下。

（2）将横向减振器两端分别紧固到转向架和车体的安装座上，具体操作如下。

① 螺栓安装方向由外侧向减振器侧穿过，薄螺母在里侧，厚螺母在外侧。

② 在螺栓螺纹连接处涂适量螺纹紧固胶LT263（沿外径长度方向单侧涂抹5～8个螺距长度，宽度不应超过周长的1/4）。

③ 调整力矩扳手的力矩值为170 N·m，对里侧薄螺母进行紧固。

④ 调整力矩扳手的力矩值为 210 N·m，对外侧厚螺母进行紧固。

⑤ 将紧固后的螺栓用红色线号笔画好防松标识线。

（3）二系垂向减振器的安装方法如下。

① 减振器细的一端安装到转向架侧。

② 减振器铭牌朝向转向架外侧。

（4）将二系垂向减振器两端分别紧固到转向架和车体的安装座上，具体操作如下。

① 螺栓安装方向由减振器侧向外侧穿过，薄螺母在里侧，厚螺母在外侧。

② 调整力矩扳手的力矩值为 155 N·m，对里侧薄螺母进行紧固。

③ 调整力矩扳手的力矩值为 195 N·m，对外侧厚螺母进行紧固。

④ 将紧固后的螺栓用红色线号笔画好防松标识线。

2. 牵引电机通风道安装

① 机车在落车到转向架之前，将通风道安装到车体通风口侧，待机车降落到一定高度后，将电机侧安装好。

② 要求通风道铭牌朝向机车外侧，便于检查。

③ 安装螺栓时按力矩值为 75 N·m 要求把紧，并画好迟缓线。

3. 牵引杆安装

① 焊有两个钢丝绳安装座的一端与构架端牵引销连接，焊有一个钢丝绳安装座的一端与车体段牵引销连接。

② 调整牵引杆位置，牵引杆两端安装孔与牵引销位置对应。

③ 清理牵引杆关节内表面及牵引销外表面，除去污渍。

④ 牵引销外表面涂抹适量装配膏。

⑤ 缓慢升起升降机，直至牵引销与关节内孔表面密贴。

⑥ 用螺栓将托板紧固到牵引销下部，按力矩要求把紧。

最后，连接车体与转向架之间的软管，包括制动管、撒砂管、轮缘润滑管等；连接机车与转向架之间各线缆，包括电机、轴温、软管、接地线等。

4. 转向架日常检查、运用过程中的注意事项

转向架在检修和运用中有两点要注意：第一是水，第二是电。严禁用高压水枪直接冲洗转向架，特别是对着轴箱、滚动抱轴箱冲洗；严禁在构架和车体上随意动用电焊，如果确实需要焊接零件，一定要就近搭接地线。

模块2
HX_D系列机车检修新装置

任务2.1　JKC1157机车走行部车载监测装置便携式检测设备

2.1.1　概述

近年来随着我国和谐机车数量的不断增加，和谐机车上加装唐智JK11430走行部车载监测装置越来越普及。为了在机车检修时（特别是不解体修）对整套装置进行快速检测及检修，需要使用一种操作、携带方便的检测仪器。JKC1157机车走行部车载监测装置便携式检测设备（以下简称JKC1157设备）由网络检测仪、电子冲击控制器、地面信息管理系统和数据下载器组成，用于对JK00430机车走行部车载监测装置（以下简称JK00430装置）和JK11430机车走行部车载监测装置（以下简称JK11430装置）的车下传感网络、数据前置处理器（以下简称前置）、传感器和连接线进行快速定性检测。

2.1.2　网络检测仪功能说明

网络检测仪（见图2-1）的主要功能包括：实现对JK11430装置或JK00430装置各车型传感网络整车或前后转向架的温度、冲击检测；实现对单个前置的温度、冲击检测；实现对单

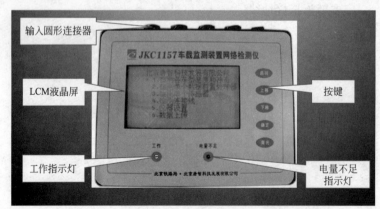

图2-1　网络检测仪

个传感器的温度、冲击检测；实现对连接线的检测，部分连接线的检测需使用转接线；实现将保存的检测数据上传至地面信息管理系统；实现接收地面信息管理系统下传的配置车型；实现对JK00430装置主机的检测。

将被测传感网络通过总线（JK00430装置通过总线转接线）连接至网络检测仪总线输入口，在网络检测仪主界面上选择第一项"检测各车型温度和冲击"，进入子菜单，界面如图2-2所示。

```
检测各车型温度和冲击
检测类型：JK00430
输入车型车号：DF11     –00000
       1. 整车检测
       2. 前转向架
       3. 后转向架
  按上移、下移键修改
 按确定键后移，按返回键前移
```

图2-2　选择检测类型

在图2-2界面中按上移键或下移键选择检测类型，可根据实际情况选择"JK00430"或"JK11430"。选定后按"确定"键可跳至车型车号设置界面，如图2-3所示。

```
检测各车型温度和冲击
检测类型：JK00430
输入车型车号：DF11     –00000
       1. 整车检测
       2. 前转向架
       3. 后转向架
  按上移、下移键修改
 按确定键后移，按返回键前移
```

图2-3　选择车型车号

设置完车型车号后，通过上移键或下移键选择"整车检测""前转向架"或"后转向架"，如图2-4所示。

```
检测各车型温度和冲击
检测类型：JK00430
输入车型车号：DF11     –10000
    ● 1. 整车检测
       2. 前转向架
       3. 后转向架
   按上移、下移键选择
 按确定键选定，按返回键退出
```

图2-4　选择检测对象

在选择好检测对象后进入下一级菜单，选择温度检测或者冲击检测，界面如图2-5所示。

```
整车检测内容
    ● 温度检测
      冲击检测

    按上移、下移键选择
  按确定键选定，按返回键退出
```

图2-5　选择检测内容

若选择温度检测，测完温度后会显示各轴各通道的温度，每个界面显示一条车轴的信息，温度检测信息如图2-6所示。按"下移"键将向下翻页，显示下一条轴的信息。

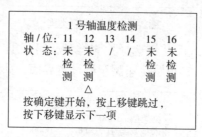

```
          1号轴温度检测结果

环温℃: 21℃
通道号: 11  12  13  14  15  16
温度℃:  21  21  21  21  异  21
                            常
按下移键翻页，按返回键退出
```

图2-6　温度检测信息

若选择冲击检测，要求将电子冲击控制器的电子冲击头吸附在被测传感器上，并打开电子冲击控制器电源。冲击检测每次可检测一根传感器。冲击检测信息如图2-7所示。

```
          1号轴温度检测
轴/位: 11  12  13  14  15  16
状态:  未  未  /   /   未  未
       检  检          检  检
       测  测          测  测
            △
按确定键开始，按上移键跳过，
按下移键显示下一项
```

图2-7　冲击检测信息

2.1.3　电子冲击控制器功能说明

电子冲击控制器（见图2-8）包含冲击控制器和冲击头两部分，用于在现场检测基于共振解调理论的传感器–前置–设备系统的可靠性。仪器工作时，可为传感器提供模拟故障的机械冲击信号。仪器工作前，将冲击头五芯插头连接到机箱上侧面标有"冲击器"字样的五芯插座上，带磁铁一端则吸附在被测复合传感器壳体上。按下冲击控制器面板上的冲击开关"ON/OFF"键，仪器开始工作，此时"工作"指示灯点亮。若再次按下"ON/OFF"键，则仪器停止工作。

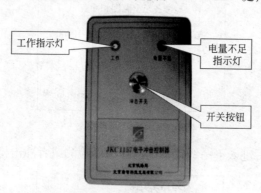

工作指示灯
电量不足指示灯
开关按钮

图2-8　电子冲击控制器

2.1.4　地面信息管理系统功能说明

地面信息管理系统安装在计算机上，数据传输时通过串口与网络检测仪通信，其功能如下。

① 导入网络检测仪的检测数据。

② 导入JK00430装置主机检测卡中的检测数据。

③ 管理、查询检测数据。

④ 根据用户的需求配置车型，并下传给网络检测仪。

图2-9是地面信息管理系统界面。

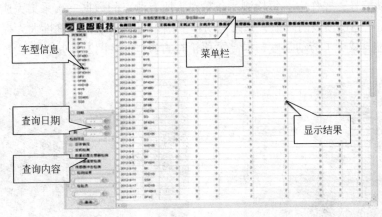

图2-9　地面信息管理系统界面

任务2.2　TL-601H型和谐机车顶轮检测系统

2.2.1　TL-601H型和谐机车顶轮检测系统简介

TL-601H型和谐机车顶轮检测系统采用了当代国际上先进的技术成果，具有功率大、体积小、重量轻等鲜明特点，单人推行便可轻松地跨越钢轨等障碍；既可以在库内固定使用，也可以在库外移动作业，且功率储备充足，可适用于目前铁路在线运用的各类型和谐机车。TL-601H型和谐机车顶轮检测系统主要由检测系统和移动式自动顶轮装置组成。

2.2.2　TL-601H型和谐机车顶轮检测系统的主要技术特点

该系统的主要组成部分是：计算机主机、数据采集器、传感器、转速测量仪。该系统选用工业级元器件，抗干扰能力强，稳定可靠；信号测试系统、激光转速测量系统与数字电路之间均彻底隔离，防止互相干扰；传感器选择有源传感器，提高了灵敏度，抗干扰能力高，噪声小；共振解调电路中，共振峰可调，解调信号更理想；软件中存储了各类内燃机车和电力机车走行部轴承数据库；保留了JL-601A的采集及判断方式，可以检测老型机车。自动检测是该系统新设计的检测功能，根据轮对转速，变采样频率，完整采集轴承整数转，使交流信号数据变动更小，减少了解调信号功率泄漏，使解调信号故障频率更准确；将交流信号特征参数和解调谱峰值对应故障结合起来，综合判断轴承状态；采用八通道无源数据采集器，内置激光测速装置，不需单独供电，消除了电源产生的干扰。图2-10是TL-601H型和谐机车顶轮检测系统。

2.2.3 移动式自动顶轮装置的主要技术特点

该设备为移动式，可以方便地在任一指定的有地沟的位置进行顶轮作业。利用移动式自动顶轮装置，将一条轮对顶起，离开钢轨约10 mm；使单一轮对电机旋转，并接入检测传感器，即得到振动信号；操作中，每检测一条轮对，所有测点的数据一次采集完成；全部作业时间不超过15 min；通过预设门限值，系统能对检测结果自动判断，准确性大大提高。使用移动式自动顶轮装置，减少了劳动强度，提高了顶轮时的安全性。图2-11是移动式自动顶轮装置。

图2-10　TL-601H型和谐机车顶轮检测系统

图2-11　移动式自动顶轮装置

移动式自动顶轮装置的技术参数如下。

① 顶起小车电机功率：　　0.75 kW；
② 油泵额定压力：　　　　63 MPa；
③ 油泵工作油压：　　　　40 MPa；
④ 油缸直径×行程：　　　85 mm×35 mm；
⑤ 外形尺寸：　　　　　　1 020 mm×525 mm×920 mm；
⑥ 质量：　　　　　　　　约140 kg。

2.2.4 检测原理

TL-601H型和谐机车顶轮检测系统，利用轴承运转中本身缺陷引起的振动作为故障信息源，采集（故障）振动信号，选取G_{RMS}（加速度均方根值）、K_v（峭度系数）作为主要判断参数，并采集解调信号进行傅立叶变换和频谱分析，精确判断轴承故障部位。G_{RMS}（加速度均方根值）、K_v（峭度系数）在门限值范围内，说明轴承状态良好；超出门限值，需进行精密解调分析。

检测原理：利用故障轴承具有周期性冲击脉冲信号进行包络解调、频谱分析，依据故障频率判断轴承的故障部位，根据故障频率峰判断轴承状态。

共振解调技术的基本原理：当轴承表面损伤时，每当滚动体碾压到故障点，必然会产生突发性增、减载而引起冲击，如图2-12所示。

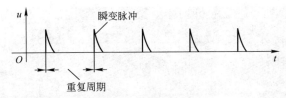

图2-12　脉冲信号

这些窄脉冲的冲击波能激起轴承系统或是传感器按其固有频率共振,进行有阻尼衰减振荡。共振放大了有用的故障信号,当把强大的低频和更高频信号滤除后,就出现了一系列有较高信噪比、较高频率(机械系统固有频率)的有阻尼衰减振荡信号,如图2-13所示。

图2-13　衰减振荡信号

用软件或用解调电路对这些衰减振荡波形进行解调,并取波形外包络,就形成间隔相等的多组指数衰减振荡低频时域信号。对此波形进行傅里叶变换,即可得到共振解调低频谱。谱峰对应轴承原件的故障频率,从而可确认故障及其存在部位。检测前根据轴承的几何尺寸,可以事先计算出内圈、外圈、滚动体、保持架的故障频率,然后与实测的解调谱对照,即可确定故障部位。

内圈故障频率: $f_{内} = (1/2) \left[1 + \left(\dfrac{d}{D} \right) \cos \alpha \right] \cdot Z \cdot f_{n}$

外圈故障频率: $f_{外} = (1/2) \left[1 - \left(\dfrac{d}{D} \right) \cos \alpha \right] \cdot Z \cdot f_{n}$

滚动体故障频率: $f_{滚} = (1/2) \left[1 - \left(\dfrac{d}{D} \right) \cos \alpha \right]^{2} \cdot \left(\dfrac{d}{D} \right) \cdot f_{n}$

保持架故障频率: $f_{保内} = (1/2) \left[1 + \left(\dfrac{d}{D} \right) \cos \alpha \right] \cdot f_{n}$

$$f_{保外} = (1/2) \left[1 - \left(\dfrac{d}{D} \right) \cos \alpha \right] \cdot f_{n}$$

其中: f_{n}表示轴转频率(Hz); α表示压力角; d表示滚动体直径; D表示轴承节径; Z表示滚动体数目; $f_{保内}$表示内圈引导型轴承; $f_{保外}$表示外圈引导型轴承。

图2-14是检测的解调时域信号,在图2-15中可以看到明显的故障峰。

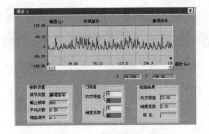

图2-14　检测的解调时域信号

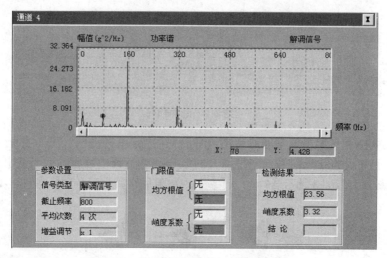

图2-15　解调信号功率谱中的明显故障峰

2.2.5　典型案例

2013年4月13日，库尔勒机务段HX$_N$5-0327机车进行首次顶轮检测普查时预报D4牵引电机输出端轴承故障，该电机解体后发现齿端轴承滚动体、外圈内滚道有多处掉块和大面积剥离。图2-16为顶轮检测数据分析结果。

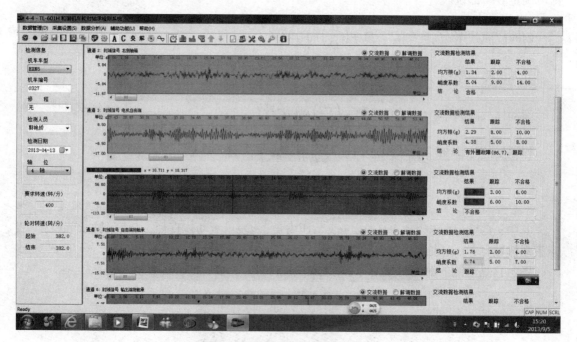

图2-16　顶轮检测数据分析结果

任务2.3　CXW-6000型弹簧荧光磁粉探伤机

2.3.1　CXW-6000型弹簧荧光磁粉探伤机概述

　　CXW-6000型弹簧荧光磁粉探伤机，适用于各类机车弹簧通用型的半自动磁粉探伤设备，可对弹簧类工件进行周向充磁和退磁、纵向充磁和退磁、复合充磁和退磁，周向充磁和退磁采用直接通电法，纵向充磁和退磁采用穿棒法。该探伤机采用PLC自动控制，抗干扰能力强，充、退磁效果好，能完成工件的夹紧、穿棒夹紧、上下料、工件转动、充磁、退磁、喷淋等功能。

2.3.2　CXW-6000型弹簧荧光磁粉探伤机主要技术参数

　　CXW-6000型弹簧荧光磁粉探伤机的主要技术参数如下。

- 使用电源：380 V、50 Hz三相四线；
- 输入电流：150 A；
- 输出电流：周向，0～3 000 A；纵向，0～6 000 A；
- 磁化方式：周向磁化、纵向磁化、复合磁化；
- 适用范围：长度270～620 mm，直径 80～300 mm；
- 探伤速度：1 min／件（观察时间除外）；
- 暂载率：≥25%；
- 充磁时间：≥2 s（可调）；
- 退磁时间：5～10 s（可调）；
- 灵敏度：A型试片15／50清晰显示；
- 使用环境：-10～40 ℃；
- 设备质量：≤500 kg；
- 气压：≥0.5 MPa；
- 休机时间：≤10 s；
- 退磁效果：B_r≤5×10^{-4}T（试件）；
- 紫外线照度：800 lx；
- 相对湿度：≤85%。

2.3.3　CXW-6000型弹簧荧光磁粉探伤机结构特点

　　该探伤机为机电分离式结构，各过程动作由PLC可编程控制器控制，整机系统可靠接地，用户使用方便、灵活、自动化程度高，维护、调试量小，可靠性好，性能优越。周向电流、纵向电流由可控硅初级调压控制，可控硅的触发信号有效隔离后输出，抗干扰能力强、体积小、性能可靠；周向磁化通过直接对工件通电来完成，纵向磁化采用穿棒法产生磁场来完成，其优点是检测灵敏度高、退磁效果好；复合磁化由周向、纵向两相交流电流在工件上感应出交变旋转磁场，一次磁化，可对工件表面进行全方位的检测。设备采用升降上料机构，并具有挡料、放料两个工件放置位，可以一边磁化探伤一边上料，节省了工作时间，提高了探伤效率。观察时转动托架360°旋转，设备电极夹具行程可通过工件长度自行调整，转动托架的两个滚轮之间的间距可以自由调整以适合各类不同直径弹簧的要求。设备采用的方式简单，设备使用寿命长，故障率低，探伤速度快，探伤效率高。

2.3.4 CXW-6000型弹簧荧光磁粉探伤机基本原理

1. 主电路

铁磁类零部件磁粉探伤设备的主电路，主要由以周向磁场发生器和纵向磁场发生器为核心的两套电路组成。电源为380 V三相交流电，其AB相接周向磁化电源变压器，BC相接纵向磁化电源变压器。周向磁化电流和纵向磁化电流的调整，分别由两个KP系列反并联可控硅完成，改变串接在主变压器初级回路中的可控硅的导通角即可改变主变压器初级回路的电压幅值，从而改变变压次级输出电压的幅值，进而达到调整磁化电流大小的目的。

2. 触发电路板

该控制板将探伤机的诸多功能集成于一体，除具有充磁、退磁功能外，还采用电流跟踪设计，具有欠流报警、断电相位控制、休机时间控制等功能。另外，还采用高性能专用触发电路，使可控硅触发更加可靠。

3. 电气控制系统

电气控制系统主要由以下部份组成：控制电路、操作系统、可编程控制器、气动控制系统、电机控制系统、磁化控制系统及其他的附属器件（接近开关、继电器、传感器、互感器、电流表等）。控制电路由FX-1S可编程控制器（PLC）、PLC扩展模块及其外围元件组成，电路控制方式简单，动作可靠。用PLC控制程序，功耗小，使用寿命长，程序可塑性强，是目前磁粉探伤设备中较为理想的程控系统。

4. 操作系统

操作系统主要通过主机控制面板上的操作键来完成对整个系统的操作控制。控制面板上的操作按键主要控制探伤的自动／手动切换、探伤穿棒电极松紧、周向电极松紧、磁化、退磁、喷液、液泵开关、探伤照明开关、工件转动、料架升降、工件转动等一系列动作。周向3 000 A电流表及纵向6 000 A电流表下方的电位器旋钮，可调节周向、纵向磁化电流的大小。

5. 退磁

根据用何种方法充磁就用何种方法退磁、退磁电流略大于充磁电流的原则，该探伤机采用交流自动衰减式退磁方法，经现场测试，退磁后剩磁量不大于0.5 mT。退磁同样是由PLC控制加在移相触发模块上的电压的逐渐等量衰减来实现的。

2.3.5 CXW-6000型弹簧荧光磁粉探伤机操作方法

① 检查电源、电流、风路、照明及绝缘等是否良好，电流是否符合周向磁化≥1 500 A，纵向磁化≥3 000 A。

② 用梨形管沉淀法检测磁悬液浓度，磁悬液浓度必须符合（0.1～0.6）mL/100 mL的标准要求。检测磁悬液的浓度不符合要求时要及时更换磁悬液（见图2-17）。

图2-17 磁悬液

③ 用A型15/50试片（见图2-18）检验荧光磁粉探伤机的综合灵敏度。被探伤圆簧中间部位所贴A型15/50试片能清晰显示人工缺陷，确定灵敏度合格。

A型15/50试片

图2-18 A型15/50试片

④ 除去圆簧表面残留的油漆、油垢、毛刺、铁锈、氧化皮及其他覆盖物（见图2-19）。

图2-19 清除圆簧表面残留物

⑤ 将圆簧摆放到探伤机支架上（见图2-20），根据被探圆簧的尺寸调节圆簧支架开度并将圆簧夹固好。按"电极板松紧"按钮将纵向电极夹紧，使圆簧端头与电极板软连线密贴，防止打火；按"穿芯棒松紧"按钮将周向电极穿过圆簧中心，切勿与圆簧接触，防止打火。

图2-20 圆簧放到探伤机上

⑥ 按"喷淋""磁化"按钮（见图2-21）对圆簧进行喷淋、充磁操作。

（a）

（b）

图2-21　喷淋、磁化

⑦ 对磁痕进行仔细观察、分析和判断，发现裂纹时（见图2-22）必须进行复探确认，防止误判。

（a）

（b）

图2-22　圆簧探伤端发现的裂纹

⑧ 检查完毕后，按"退磁"按钮对圆簧进行退磁。退磁是为了防止剩磁过大，同时消除内应力。

任务2.4　豪克能焊接应力消除设备

2.4.1　豪克能焊接应力消除设备概述

豪克能焊接应力消除设备法是焊后处理、表面局部强化和消除残余应力的方法。该方法诞生于前苏联，于20世纪60年代在美国得到迅速发展，在第十三届国际焊接学会上被公认为是提高焊接结构疲劳性能最有效的方法，并在发达国家迅速得到推广应用。经过半个多世纪的发展，豪克能焊接应力消除设备处理的工艺已日趋完善，该设备的执行机构轻巧，使用灵活方便，噪声小，效率高，成本低，节能，无污染。豪克能焊接应力消除设备作为焊后处理设备，它能同时改善影响焊缝质量的多个因素，如应力、缺陷、焊趾几何形状、表面强化等，可使处理后的焊接接头的疲劳强度提高50%～120%，疲劳寿命延长5～100倍。采用豪克能焊接应力消除设备处理后，省去了传统的打磨及去渣工序，节约了劳动时间。该设备应用于以下三个方面：一是对金属零件表面进行强化处理，以提高零件的表面质量和疲劳寿命；二是调节应力场，减少焊接变形，保证工件的尺寸稳定性；三是对机械零件局部焊接修复部位进行消除焊接应力的处理。该设备在国外机械制造工程中，特别是对疲劳性能有较高要求和要求消除残余应力的焊接结构工程中已普遍使用。

2.4.2　豪克能焊接应力消除设备的基本原理

金属结构件在焊接时，普遍采用熔化焊接的方法。该方法在金属的填充过程中，在接头部位留有余高、凹坑及各种焊接缺陷，造成严重的应力集中，同时还会产生一定的焊接残余应力。在绝大多数情况下，残余拉应力对焊接结构的疲劳强度是不利的。而且在焊趾部位距离表面0.5 mm左右处一般存有熔渣等缺陷，该缺陷较尖锐，相当于疲劳裂纹提前萌生。在应力集中、焊趾熔渣及焊接残余拉应力的联合作用下，焊接接头的疲劳强度和疲劳寿命被严重降低。豪克能焊接应力消除设备提高焊接接头疲劳强度和疲劳寿命的基本原理是：焊接后利用豪克能推动冲击工具以每秒两万次以上的频率沿焊缝方向冲击焊缝的焊趾部位，使之产生较大的压缩塑性变形，使焊趾处产生圆滑的几何过渡，从而降低焊趾处余高和凹坑造成的应力集中，消除焊趾处表层的微小裂纹和熔渣，抑制裂纹的提前萌生；调整焊接残余应力场，消除焊接拉应力，同时在焊趾附近产生一定数值的残余压应力，使焊趾部位材料得以强化。因此，豪克能焊接应力消除设备能同时改善影响焊缝疲劳性能的因素，如焊趾几何形状、残余应力、微观裂纹和熔渣、表面强化等，所以能大幅度提高焊接接头的疲劳强度和疲劳寿命。

2.4.3　豪克能焊接应力消除设备的基本结构及工作原理

豪克能焊接应力消除设备装置由两部分组成：控制箱（见图2-23）和冲击枪（见图2-24），其中控制箱和冲击枪用电缆连接。豪克能焊接应力消除设备的控制部分采用新型高

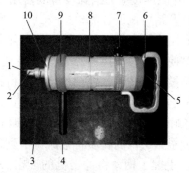

图2-23　控制箱示意图　　　　　　图2-24　冲击枪示意图

1—电流表；2—指示灯；3—电流调节钮；4—开启钮；　　　1—冲击头；2—冲击座；3—变幅杆；
5—输出插座；6—保险；7—风扇；8—电源插座；　　　　4—把手1；5—遥控开关；6—把手2；
9—谐振调整（专业人员调整）；10—液晶显示器；　　　　7—连接电缆插座；8—冲击枪外壳；
11—上翻页；12—返回；13—下翻页；14—面板提手　　　　9—把手调节环；10—紧固螺母

精度锁相和先进的恒幅技术，使设备在使用过程中始终保持输出的稳定性和可靠性，保证处理效果的高效和均匀一致。控制箱将电网上的50 Hz交流电转变成超音频的交流电。控制箱输出信号，通过连接电缆来激励冲击枪工作，在冲击枪的自重和外力作用下，冲击枪的冲击针以超音频的巨大能量冲击工件的焊趾，使以焊趾为中心的一定区域的焊接接头表面产生足够深的塑性变形，从而有效地改善焊缝与母材过渡区（焊趾）的几何形状，使其平滑过渡，降低了焊接接头的应力集中程度，并使焊接接头附近一定厚度的金属得以强化，同时重新调整了焊接残余应力场，消除残余拉应力。

2.4.4　豪克能焊接应力消除设备的作用

豪克能焊接应力消除设备的作用包括：可使焊接接头疲劳强度提高50%～120%，疲劳寿命延长5～100倍；能有效改善焊趾的几何形状，降低焊缝焊趾处的应力集中，工艺简单易行，成本低廉；能消除焊趾处表层的微小裂纹和熔渣缺陷，抑制裂纹的提前萌生；能改变原有的应力场，明显减少焊接变形；能进行局部强化处理，提高零件表面质量和疲劳寿命；能对机械零件局部焊接修复部位进行消除焊接应力和强化处理；能提高金属在腐蚀环境下的抗腐蚀能力，约提高400%。

2.4.5　豪克能焊接应力消除设备的优势

豪克能焊接应力消除设备能同时改善影响焊缝疲劳性能的因素，如残余应力、微小裂纹和熔渣缺陷、焊趾几何形状、表面强化等，因而能大幅度提高焊缝的疲劳性能。在消除焊缝焊趾处应力集中方面，效果强于氩弧焊重熔（TIG）或修磨的方法。消除焊接残余应力，完全可替代热处理和振动时效等方法，且处理工艺简单，效果稳定可靠，并可在任意时间、任意工序上进行；可以取代用喷丸方法来提高工件局部疲劳寿命和消除残余应力的表面处理工艺，且节省场地；在有效的自然条件下，可以使已变形了的焊接构件向常态恢复，同时也是很方便的校形工具。

2.4.6　豪克能焊接应力消除设备的使用方法

豪克能焊接应力消除设备的使用方法如下。

① 开箱后按设备清单检查，设备外观应完整无磕碰（见图2-25）。

② 用连接电缆把冲击枪和控制箱的输出插座相连（见图2-26）。

③ 使用电源线接通220 V电源（见图2-27）。

④ 按开启按钮，控制器启动，待机指示灯亮，电流表显示"000"（见图2-28）。

⑤ 将电流调节旋钮调至"0"位后，再将冲击枪的开关打开，慢慢调大电流值，液晶屏自动将画面切换到工作界面，稳定地显示电流和电压的波形、频率等参数（见图2-29）。

⑥ 根据工件的材质将电流调节到附表所列的范围内。

⑦ 手握手柄，将冲击枪的冲击头对准焊缝处的母材上，且基本垂直于母材表面（见图2-30）。

⑧ 略使力，使冲击枪在自重的作用下对焊缝处的母材表面进行冲击处理。在冲击处理中速度控制在500 mm/min。为了获得较好效果，可对焊缝进行多次冲击处理（见图2-31）。

⑨ 角焊缝应力消除。应力消除部位为母材距焊缝边5～7 mm范围内（见图2-32）。

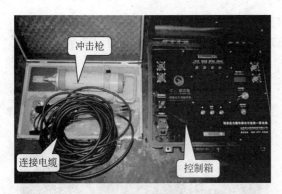

图2-25 观察设备外观

图2-26 连接输出插座

图2-27 接通电源

图2-28 控制器启动

图2-29 打开冲击枪开关

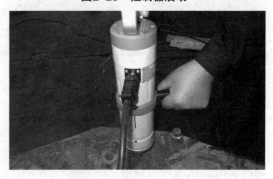

图2-30 对准焊缝处的母材

图2-31 冲击处理

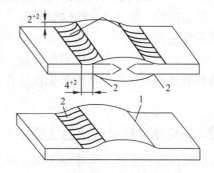

图2-32 应力消除部位

1—原始焊态；2—豪克能焊接应力消除设备处理部位

⑩ 对接焊缝应力消除。应力消除部位为母材距焊缝边沿4～6 mm范围内（图2-33）。

设备在工作过程中如要中断，可将冲击枪上的开关关掉，并将电流调节旋钮旋至"0"位，防止冲击头发热（图2-34）。作业完毕后关闭冲击枪上的开关，并将电流调节旋钮旋至"0"位，关闭控制箱开关。

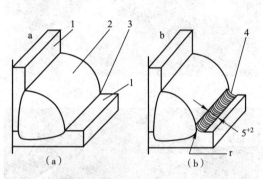

图2-33 应力消除部位

1—焊接母材；2—焊接；3—焊接母材；
4—豪克能焊接应力消除设备处理部位；
a—焊接前工件；b—焊接后工件；r—焊缝

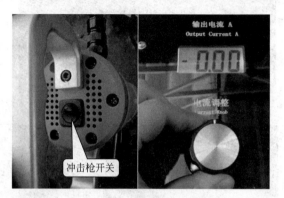

图2-34 关闭冲击枪开关

任务2.5 车钩缓冲器试验台

2.5.1 车钩缓冲器试验台概述

车钩缓冲器试验台满足《铁道车辆缓冲器》（TB/T 1961—2016）静压试验要求，采用液压方式，试验装置的最大压力为5 000 kN，压头行程为100 mm，压缩速度为5～50 mm/s，可调控，可测试缓冲器容量、吸收率、最大阻抗力、行程、初压力。

控制方式：微机控制缓冲器试验台主机；垂向油缸采用双向快速伺服油缸；加载系统采用微机控制、电液伺服协调多级液压控制信号加载，连续加载快速平稳；能自动采集并储存数据、绘制曲线，能自动打印试验报告。

试验台包括控制柜、压缩台和液压系统三大部分。压缩台包括机械台架、液压作动器、换向小油缸、手动换向阀及压力传感器、位移传感器、温度传感器和接近开关等，主要实现各种目标数据的测量等。液压系统包括各种液压元件及压力传感器，主要完成对压缩速度的控制。

2.5.2 车钩缓冲器试验台的主要技术指标

车钩缓冲器试验台的主要技术指标如下。

• 整机框架高：约4 000 mm，整机框架宽：约1 200 mm，试验空间：600 mm × 1 200 mm；

• 最大静态试验力：± 500 kN；

- 试验力示值精度：4%～100%FS范围内，±1%；
- 最大动态试验力：±500 kN，试验力动态示值波动度：±2%FS；
- 作动器最大位移：±200 mm，示值精度：±1FS；
- 主要试验波形：正弦波、三角波等；
- 泵站：25 MPa，600 L/min，240 kW，AC 三相，380 V。

2.5.3　车钩缓冲器试验台的主要配置

车钩缓冲器试验台的主要配置如下。

- 整机框架：一套；
- 600 L/min伺服阀：一只；
- 600 L/min伺服泵站：一套；
- 数字液压伺服控制器：一套；
- 移动小车；
- 5 000 kN作动器：一套；
- 5 000 kN压力传感器：一只；
- 管路系统：一套；
- 电线电缆：一套。

2.5.4　车钩缓冲器试验台机构介绍

1. 四立柱加载架

该试验台采用四柱式高刚度加载架，伺服缸安装在最上端横梁上。缓冲器的静压试验是一个高速重载的运动过程，为了使检测工作安全，在压缩台上装有光幕，即舱门报警装置。系统自动检测舱门的状态，一旦发现危险操作，将自动停止试验并报警提示。

2. 5 000 kN伺服缸

最大静态试验力为5 000 kN；油缸有效行程为200 mm；电液伺服阀为喷嘴挡板式，2级；作动器振幅极限位置设计了液压缓冲区，以避免运行失控产生损伤；负荷传感器量程为±5 000 kN，过载能力为120%；位移传感器1件，量程为200 mm。

3. 恒压伺服泵站

泵站由油泵、电机、高低压切换阀组、蓄能器、滤油器、冷却系统、油箱、管路系统等组成；泵站按标准模块化设计，技术成熟，性能稳定；过滤系统采用三级过滤：油泵吸油口、出油口、中继稳压模块；油泵电机组配置减振装置，以减小振动和噪声；采用高低压切换阀组进行液压系统的高低压切换；采用全封闭标准伺服油箱，配置温度测量、空气过滤、油位显示等装置，并具有温度超限、液位过低、滤油器堵塞等报警或停机保护等功能。

4. 两通道全数字伺服控制器

控制通道数量为2个，包括试验力和试验位移2个闭环控制回路，具有控制模式无扰平滑切换功能，最高闭环控制数据频率为1 kHz；控制A/D、D/A分辨率为16位；控制速度为5～50 mm/s；两级伺服阀驱动单元用于驱动伺服阀；控制器具有极限参数设置功能，具有完备的保护功能，具有过载（110%）保护、二级过流保护。

5. 控制柜

控制柜包括工控机、操作面板、打印机、数据采集卡等组件，具有主检测流程控制、数据采集处理、检测结果显示及报表打印等功能。控制柜的工控机为检测系统的控制中心，检测员通过操作工控机上的控制程序和操作面板，可实现对液压缓冲器的检测工作。在检测过程中，各种设定值通过数据采集卡发送到系统元件处，实现系统压力、阀的流量和报警油温等值的设置；各种传感器的数值则通过数据采集卡采集到程序中，进行处理和归档，实现结果输出（结果输出需包含缓冲器的压缩、复原的静压曲线图）。工控机除了获取缓冲力、位移、温度、光幕等信号外，还负责获取各种开关量信号，如系统上电、急停、接近开关等，并输出开关量信号，如电机、泵、溢流阀的开启等。

2.5.5　车钩缓冲器试验台的工作原理

将待检测的缓冲器吊放在试验台上（见图2-35），打开控制计算机（见图2-36），打开试验软件（见图2-37），在软件中选择试验的缓冲器型号（QKX100型），输入缓冲器编号，检查、确认试验日期、试验人等信息（见图2-38）。在软件中选择试验机下降速度，确认后选择开始。试验过程中如发现异常声音，立即停机检查传动系统（见图2-39）。得出试验结果后，检查缓冲器容量、压力曲线等结果是否符合要求（见图2-40）。最后，打印试验结果并存档（见图2-41）。

图2-35　试验台

图2-36　控制计算机

图2-37　试验软件

图2-38　检查、确认信息

图2-39 停机界面

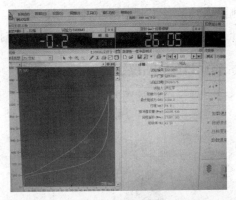

图2-40 检查试验结果

机车车辆缓冲器
静压试验

试验编号	0910093	生产厂家	QKX100
试验日期	2016/2/5	试验人	卢红军
最大阻抗力(kN)	1209.2	行程(mm)	59.9
缓冲器容量(N*m)	30188.430	回程面积(N*m)	17057.163
吸收率(%)	43.50	初始力(kN)	

力(kN)   力-变形曲线

```
1400
1260
1120
979.9
839.9
699.8
559.8
419.8
279.8
139.7
-0.300
      0  6.00 12.0 18.0 24.0 30.0 36.0 42.0 48.0 54.0 60.0   变形(mm)
```

图2-41 打印试验结果

任务2.6 莱卡TS15全站仪

2.6.1 莱卡TS15全站仪简介

莱卡TS15全站仪采用光电测距系统和现代设备制造工艺及Viva系统软件,在短时间内即可完成复杂的测量任务。莱卡TS15全站仪的光电测距技术具有测程远、精度高、可靠性强等特点,即使是在复杂环境中也可以以小于0.15 s的时间快速捕获测量目标,准确地得到测量数据。莱卡TS15全站仪可以通过蓝牙、3.5G模块、电台等多种方式进行便捷的远程控制,还可以使用GSM、GPRS、UMTS和无线局域网等多种方式进行数据的共享。莱卡TS15全站仪采用了全新的Viva系统软件,结合测量人员使用习惯设计的键盘涵盖了导航键、快捷键、组合键、数字键等众多功能,配备了彩色触摸显示屏及新一代屏幕键盘背景灯。莱卡TS15全站仪采用单人测量系统。单人测量系统改变了以往"一人测量，一人跑杆"的传统测量模式，测量员、跑杆员、记录员全部由一个人独立承担，时间、人工成本大大减少。

2.6.2　莱卡TS15全站仪组件

莱卡TS15全站仪组件如图2-42和图2-43所示。

图2-42　组件（一）

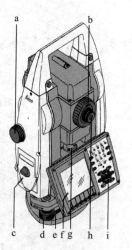

图2-43　组件（二）

a—提把；b—粗瞄器；c—望远镜；d—EGL闪烁二极管-黄色和红色；e—广角照相机镜头；f—超级搜索发射器；g—超级搜索接收器；h—角度和距离同轴光学测量，距离测量可见激光出口；i—通信侧盖；j—水平微动螺旋；k—基座保险钮

a—竖直微动螺旋；b—调焦环；c—电池仓；d—基座脚螺丝；e—触摸屏输入笔；f—触摸屏；g—圆水准器；h—可互换目镜；i—键盘

2.6.3　莱卡TS15全站仪用户界面

莱卡TS15全站仪用户界面如图2-44所示。

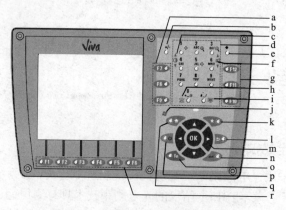

图2-44　莱卡TS15全站仪用户界面

a—功能键（F7～F9）；b—±键；c—照明；d—数字键；e—退格；f—音量；g—功能键（F10～F12）；h—键盘照明；i—屏幕截图；j—Windows CE；k—快捷键；l—ESC；m—导航键，OK键；n—回车；o—Fn；p—开/关；q—主菜单；r—功能键（F1～F6）

2.6.4　技术参数

莱卡TS15全站仪的技术参数如图2-45所示。

		TS15
角度测量	精度Hz,V	1" / 2"/3"/5"
	最小显示分辨率	0.1"
	测量方法	绝对编码、连续、对径测量
	补偿器	四重轴系补偿
距离测量	距离测量（有棱镜）	
	圆棱镜（GPR1）	3500m
	微型棱镜（GMP101）	2000m
	360°棱镜（GRZ4、GRZ122）	2000m
	反射片（60mm×60mm）	250m
	精度/测量时间	
	标准	1mm+1.5ppm/一般为2.4s
	快速	3mm+1.5ppm/一般为0.8s
	连续	3mm+1.5ppm/一般小于0.15s
	距离测量（无棱镜）	
	PinPoint R30/R400/R1000	30m /400m/1000m
	精度/测量时间	
	PinPoint R30/R400/R1000	2mm+2ppm/一般为3s
	常规参数	
	显示分辨率	0.1mm
	最短测程	1.5m
	测量原理	基于相位测量原理（同轴，红色可见激光）
	激光点的大小	在30m: 7mm×10mm　在50m: 8mm×20mm

图2-45　技术参数

2.6.5　莱卡TS15全站仪的工作原理（转向架构架测量）

转向架解体、煮洗、翻转作业完毕后用钢丝刷、毛刷、螺纹清洗剂将导柱、轴箱拉杆螺纹孔及全站仪放置位置清理干净，不得有油污、铁锈等（见图2-46）。将全站仪放置在指定位置，并通过调节全站仪底座三个基座脚螺丝，使全站仪屏幕上方的圆水准器气泡与水准器小圆对准（见图2-47）。

图2-46　清洗

图2-47　手动调频

　　按住全站仪操作面板电源按钮2 s，开启全站仪；待全站仪启动后，用触屏笔单击显示屏上方第四个图标"整平&补偿器"，通过调节全站仪底座三个基座脚螺丝，使全站仪显示屏内模拟气泡中心与指示器中心小圆对齐（见图2-48）。用触屏笔单击主页面"项目&数据"图标，进入"项目&数据"管理界面；单击"新建项目"图标，在"名称"一栏内输入机车型号，在"描述"栏内输入构架号，在"创建者"栏内输入测量人员信息，并单击"保存"（见图2-49）。

图2-48　自动调频

图2-49　项目创建

　　将测量辅助工装安装到转向架各测量点，待安装后将球形棱镜放置在辅助工装的圆孔上方（见图2-50）。用触屏笔单击显示屏上方第一个图标，进入"莱卡TPS快捷键"管理菜单，单击"测量到棱镜"图标及"自动照准"图标、"打开激光指示器"图标（见图2-51）。

图2-50　测量工装定位

图2-51　全站仪调试

　　单击主显示屏"开始测量"图标，进入测量管理菜单，单击"COGO"图标，进入COGO主菜单，选择反算，进入反算菜单，选择"点到点"，单击屏幕左下方确认键（见图2-52）。单击屏幕下方"测量"键进入测量界面，调整全站仪使激光对准测量点棱镜后，用触屏笔选择屏幕下方"测存"键，保存结果。实际测量现场如图2-53所示。

图2-52　测量方式选择

图2-53　实际测量现场

　　将棱镜移动到下一测点并放置好，同样棱镜面朝向全站仪；调整全站仪使激光对准测量点棱镜后，按上述方式继续进行下一个点测量（见图2-54）。记录点1与点2的"平距"或"高差"（点1与点2在水平方向时记录"平距"，点1与点2在垂直方向时记录"高差"）（见图2-55）。

图2-54　测量下一个点

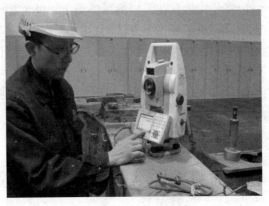
图2-55　记录数据

1. 点到线测量

　　按照测量方案选择对应的2个基准点，并通过安装辅助工装将棱镜置于基准点上，并使棱镜朝向全站仪。单击主显示屏"开始测量"图标，进入测量管理菜单，单击"测量+"图标，进入管理菜单，选择"参考线测量"，选择项目名为该车车号的项目，单击"确定"，进入参考线作业；选择"线"，单击"确定"，进入定义参考线界面。选择屏幕下方的"创建"，选择"线-2点"方式进行参考线定义，单击"确认"；选择"起点栏"，待起点栏变为蓝色后，单击屏幕下方"测量"键，测量第一个基准点的坐标。单击"测存"键（也可直接按"测存"键下方对应的"F1"按钮，待听到语音提示"点已存储"或屏幕左下角显示"点×××已存储后"，保存结果。将棱镜移动到下一个测点并放置好，同样棱镜面朝向全站仪；调整全站仪使激光对准测量点棱镜，选择"终点栏"，待终点栏变为蓝色后，单击屏幕下方"测量"键，测量第二个基准点的坐标。待语音提示"单已存储"后，自动返回"新建线"界面，单击屏幕下方"完成"。单击主显示屏"开始测量"图标，进入测量管理菜单，单击"COGO"图标，进入COGO主菜单，选择反算。进入反算菜单，选择"点到线"，"起点""终点"分别选择第一个基准点、第二个基准点，单击"偏置点"后下拉菜单，待偏置点栏变为蓝色后将棱镜放置在需要测量的点上，使棱镜面朝向全站仪。调整全站仪使激光对准测量点棱镜后，单击屏幕下方"测量"键，按"测存"键，待语音提示"点已存储"后，自动返回"反算点到线"界面，单击屏幕下方"计算"键，屏幕显示反算结果。此时查看"纵向偏距"或"横向偏距"是否符合对应车型该点到基准线的距离要求，并记录此值；单击屏幕下方"保存"按钮。按上述步骤进行下一个测点的测量。

2. 三点角度测量

　　按照测量方案选择对应的3个测点，通过安装辅助工装将棱镜置于测点上，并使棱镜朝向全站仪。单击主显示屏"开始测量"图标，进入测量管理菜单，单击"COGO"图标，进入COGO主菜单，选择"角度计算"，进入COGO角度计算主界面。选择"从点栏"，待从点栏变为蓝色后，将棱镜放置在需要测量的点上，并使棱镜面朝向全站仪，调整全站仪使激光对准测量点棱镜后，单击屏幕下方"测量"键，按"测存"键。待语音提示"点已存储"后，选择"点栏"，待点栏变为蓝色后，将棱镜放置在需要测量的点上，并使棱镜面朝向全站仪。调整全站仪使激光对准测量点棱镜后，单击屏幕下方"测量"键，按"测存"键，待语音提示"点已存储"后，自动返回到COGO角度计算主界面；选择"到点栏"，待到点栏变为蓝色后，将棱镜放置在需要测量的点上，并使棱镜面朝向全站仪，调整全站仪使激光对准测量点棱镜后，单击屏幕下方"测量"键，按"测存"键，待语音提示"点已存储"后，自动返回到COGO角度计算主界面。单击屏幕下方"计算"，随后自动显示角度计算结果。测量方案由技术人员制订，测量时应严格按照方案执行。待测量作业完成后，确认数据保存，按住全站仪操作面板电源按钮5 s，关闭全站仪，并将全站仪放置在专用的储存箱内，将测量附件整理、存放妥当。

任务2.7 TLW-HG300圆簧试验机

2.7.1 TLW-HG300圆簧试验机概述

TLW-HG300圆簧试验机是机车弹簧制造企业研制的弹簧负荷试验机，除了具有常规弹簧试验机的测试功能外，还能对具有横向力的弹簧进行偏移方向、偏移角度的测试和确认。TLW-HG300圆簧试验机由驱动系统、加载系统、传动系统、测量控制系统、显示系统等组成，采用全数字交流伺服电机及驱动器、精密行星减速器、高效无间隙同步齿形带及精密滚珠丝杠组成传动。

2.7.2 TLW-HG300圆簧试验机的主要部件

主机采用门式结构，强度高、变形小。主机框架应用四根导向立柱导向，采用无间隙滚珠丝杠和同步齿形带传动，由精密行星减速机减速，传动高效平稳，传动过程中双向无间隙。

采用日本松下交流伺服调速器及其电机实现系统的驱动，调速比可达1：100 000，能确保传动平稳，力矩稳定，而且具有过流、过压、过载保护装置。

试验力测量控制系统由高精度负荷传感器、测量放大器、A/D转换器、稳压电源等组成；位移测量控制系统由光电编码器、倍频整形电路、计数电路等组成，通过各种信号处理，实现计算机显示、控制及数据处理等功能。

安全保护装置包括过载保护，横梁极限位置保护，过电流、过电压、超速等保护。压盘底部均匀安装三只100 kN精密测力传感器，测力准确，试验力、刚度采集准确。三只传感器由测控系统采集，融合为200 kN输出载荷，对试样进行垂向加载试验。主机前后有安全防护网，以保证试验人员人身安全。

上、下压盘采用55#钢，并淬火处理HRC50～HRC55，能保证长时间使用不磨损。

横向刚度测量装置采用高精密度的导向装置，横向载荷测量装置安装在精密直线导轨上，下压盘受到横向力后在平面内能自由浮动，摩擦力小，能保证横向力的测量准确性。

具有X、Y方向的位移测量装置，通过计算机采集到X、Y方向位移量，从而确定弹簧的偏移方向和偏移角度。

横向力加载装置采用精密滚珠丝杠传动、伺服电机可靠加载，能保证横向测量装置的位移精密度，进而保证横向刚度的测量准确性。上料时圆簧试验机配备小车架，便于将弹簧推入下压盘的位置，小车架的高度能适应普通弹簧压盘的高度和横向力弹簧压盘的高度，方便弹簧推入压盘。在横向装置的下压盘上有不同弹簧芯轴的标准定位孔，方便不同规格的弹簧芯轴安装定位。此外，还具有上、下压盘中心定位机构，能保证装卸弹簧时压盘中心位置不发生较大偏移，方便弹簧的装卸。

测量控制系统主要为计算机控制系统，其为Windows中文操作界面。TLW—HG300圆簧试验机的全部操作通过计算机键盘和鼠标完成，计算机屏幕显示试验力、位移、横梁移动速度、试验机工作状态等。试验过程中实时采集数据，使用Access进行数据存储，方便用户资源共享及再分析，同时能绘制试验力-变形曲线、试验力-剩余高度曲线及刚度-变形曲线，能进行曲线放大或缩小、曲线的局部放大，并且用户可在放大区域内通过鼠标拖动来实现放大曲线的平移，而且具有曲线打印预览功能。试验完成后数据自动处理，可随时查看试验结果及打印试验报告。试验报告格式可根据用户的不同要求更改。TLW—HG300圆簧试验机对试验数据的处理完全符合弹簧试验机的标准，可以进行数字化调零和标定，试验数据采用数据库管理方式，便于查询和维护。

软件系统可以实现三级用户管理，安全、方便、快捷。控制软件主要采用模块化设计理念，分为采集模块、自动控制模块、数据库管理模块、数据分析模块和试验参数配置模块，通过这几大模块的有机结合可以降低程序的复杂性，使程序设计、调试和维护及使用简单化。软件系统可以设置10个检测点，可以对弹簧设定预压缩高度进行预压缩，预压缩次数可以随意设定；批量试验很大程度上方便了用户的使用，设置试验次数后，试验机根据设置的次数自动试验，无须人工干预；试验过程中能实现高速逼近、低速采集，保证了试验机数据采集的高效性和准确性；能自行设置试验速度，试验完成后自动返回到初始位置；具有过载自动停机功能。不管是横向测量还是轴向测量，通过软件系统都能实现负荷传感器发生位移的自动消除，保证位移测量装置测量到的位移全部是弹簧本身的位移，试验过程中的机械变形和传感器变形引起的误差绝对不会进入到测量系统中。

2.7.3 主要功能

1. 常规功能

具有力、位移、变形等多种控制模式：设定试验力，检测弹簧的变形量；设定变形量，检测弹簧的试验力；设定试验力，检测弹簧的剩余高度；设定弹簧的剩余高度，检测弹簧的试验力。

2. 通用功能

根据不同的弹簧设计要求，输入已知参数，就可自动试验，试验完成后自动返回试验初始位置。如果进行批量测试，只需一次性输入试验参数，就可实现试验过程中除更换弹簧外的所有自动化操作，具有非常高的测试效率。此外，还能完成传感器的参数标定、零点清除、参数存储与加载等功能；控制器具备各类试验参数超限、超设定自动停机或报警等保护功能；在操作系统（Windows XP）平台下，全中文操作界面，人机界面友好，试验机的全部操作通过计算机键盘和鼠标完成，计算机屏幕显示试验力、位移、横梁移动速度、试验机工作状态等，并具有快捷键操作；能实时采集数据，进行数据运算，并提供数据储存、查询、打印等功能；能实时显示、绘制试验力-变形曲线，能进行曲线放大或缩小、曲线的局部放大，并且可在放大区域内通过鼠标拖动来实现放大曲线的平移。

3. 横向刚度、横向自由弯曲变形测试功能

将规定轴向静力作用于弹簧上，测量弹簧在X、Y轴的变形量及其方向，计算出测量平台的弯曲方向、偏移量及其角度；将规定轴向静力作用于弹簧上，测量平台能够返回其初始中心位置的力，即弯曲力；将同一大小的轴向静力作用于弹簧上，对弹簧不断施加横向的力，测量规定横向位移下的横向力，计算出弹簧的横向刚度并绘制出弹簧的横向刚度-变形曲线。

2.7.4 TLW-HG300圆簧试验机的主要界面

TLW-HG300圆簧试验机的主要界面如图2-56～图2-58所示。

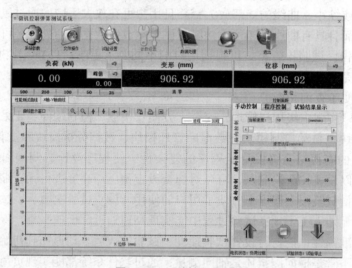

图2-56 手动控制界面

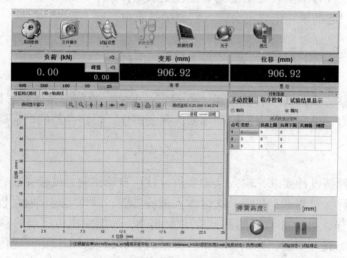

图2-57 程序控制界面

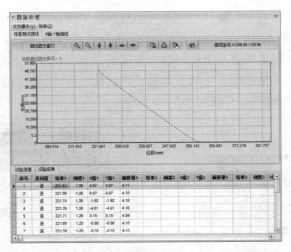

图2-58　性能曲线界面

任务2.8　整车称重设备

2.8.1　整车称重设备概述

机车称重台由多组测量单元、调整平台、计算机、大屏幕、打印机、电器屏柜、操作台、电源、专用检定装置等组成，可用于机车总装完后出厂前的轮重、轴重和整车重量的检测，并自动出具检测报告，能提供机车的平面重心位置。机车称重系统是在中文或英文 Windows 98/Windows 2000/Windows XP 环境下开发的，它完全采用图形化用户界面，具有计量准确快速、功能完备、可移植性好、可靠性高等特点。

2.8.2　整车称重设备的工作原理

将机车引至称重台位上，各轴位轮对与称重台秤相对应（图2-59）。开启试验台电源，打开计算机主机（图2-60）。

图2-59　称重台位

图2-60　主机

打开"机车轮重测试程序"软件，进入界面后单击"操作员"右边的下拉框，选取"管理员"或"操作员"等项，并在"密码"文本框中输入相应的密码（见图2-61）。"机车测试"项用于机车轮重、轴重和整车重量的检测并能提供机车的平面重心位置。该窗口最上方对应真实的十四台秤的重量数据，它的下面是要测试的机车的轴位重量数据，再下面为每一次的轮重测试数据及命令按钮（见图2-62）。

图2-61　机车称重系统登录界面

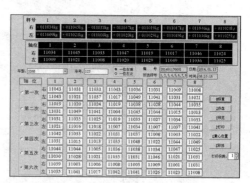

图2-62　"机车测试"窗口

窗口中"车型"选项可用鼠标选择，"车号"选项用于输入待测试的机车的车号，"一位在南"和"一位在北"单选框指示了机车的一位是在南还是在北。下面的"第一次""第二次""第三次""第四次"单选框则指示了正在进行第几次测试。单击"预览"按钮后，根据当前的测试数据计算轮差、轴差等数据，并显示在屏幕上供操作者查看。如果对测试数据满意，可按该窗口中的"打印"按钮进行打印，如图2-63所示。

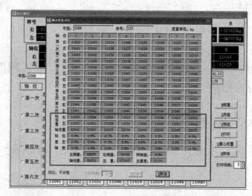

图2-63　"打印"窗口

模块3
HX_D系列机车故障处理

任务3.1　HX_D1型机车

3.1.1　HX_D1型机车概述

1. 深度国产化HX_D1型机车与HX_D1型机车的区别

（1）相同点

①机车基本结构相同。

②主要技术参数相同。

③牵引变压器、牵引电机和转向架等相同。

（2）不同点

①具有时代气息、富含中国元素的车体头型设计。

②产品的牵引变流器和控制系统。

③轴重为25 t，采用轴控控制技术，黏着利用率更高。

④惯性质量问题进行了技术提升。

⑤安装了车载安全防护系统（6A系统）。

⑥全新司机室。

2. 工作条件

在下列条件下，机车能按机车额定功率正常工作。

①在海拔不超过2 500 m、环境温度（遮荫处）不高于+40 ℃情况下机车能够连续在满功率状态下运行。

②环境温度（遮荫处）：–40～40 ℃。

③月平均最大相对湿度（该月月平均最低温度不低于25 ℃）：90%。

④环境条件：能承受风、雨、雪、煤尘和偶有沙尘暴。

⑤设备布置：整车为双司机室结构，机械间设备按斜对称布置，中间有走廊、采用预布线和预布管设计。

⑥转向架：采用两台低位牵引的（B_0—B_0）转向架。

⑦ 制动系统：采用CCBⅡ制动系统/DK-2制动系统。

⑧ 通风方式：机车采用独立通风方式。

⑨ 车体：车体采用整体承载结构形式，全部由钢板及钢板压型件组焊而成。

⑩ 主电路：采用先进的水冷IGBT国产变流器。

⑪ 辅助电路：机车辅助电路采用辅助逆变器供电（集成在主逆变器中）；辅助变流器分别由恒频恒压（CVCF）变流器与变频变压（VVVF）变流器两个模块构成，可实现100%故障冗余；可实现在过分相时不间断供电。

⑫ 控制网络：采用国产化的微机控制技术，实现网络化、模块化，使机车控制系统具有控制、诊断、监测、传输、显示和存储功能，控制网络符合《电气铁路设备　第1部分：列车通信网络》（IEC 61375）的要求。

3.1.2　HX$_D$1型机车典型故障应急处理

1. 受电弓无法升起

受电弓无法升起时，应急处理步骤及方法见表3-1。

表3-1　受电弓无法升起时的应急处理步骤及方法

步　骤	方　法
1. 微机复位	按压司机室"微机复位"按扭复位，按压时间大于1 s
2. 确认升弓条件是否满足	依次按压显示屏"主要数据""封锁条件""受电弓"按钮进入"受电弓状态"界面，根据信息提示进行处理
3. 大复位	断开司机室"控制电源开关"进行大复位，断开时间大于10 s

2. 主断路器无法闭合

主断路器无法闭合时，应急处理步骤及方法见表3-2。

表3-2　主断路器无法闭合时的应急处理步骤及方法

现　象	步　骤	方　法
1. 自动过分相时，主断路器图标呈灰色，但不能自动闭合	人工操作合主断	将调速手柄置于"大零"位
		操作"主断路器"扳键开关先"分"再"合"
2. 主断路器图标呈黄色	微机复位	按压"微机复位"按扭复位，按压时间大于1 s
	确认合主断条件是否满足	依次按压显示屏"主要数据""封锁条件""主断状态"按钮进入"主断状态"界面，根据信息提示进行处理
3. 途中机车故障，合不上主断	微机复位	按压一次"微机复位"按扭复位，按压时间大于1 s
	自动隔离	连续按压三次"微机复位"按钮，系统自动隔离
	TCU或电机隔离解锁	确认故障消除后，在显示屏"主界面"按压"隔离解锁"按钮，解除锁定故障锁复位
	大复位	停车，断开司机室控制电源开关进行大复位，断开时间大于10 s

注意：

① 一般故障是不需要进行"大复位"的，所以大复位前确保操作"微机复位"三次。

②"隔离解锁"操作尽量选择在下坡道或平道上进行，避免隔离无效（故障存在）影响机车运行速度。

③ 途中经常会出现高网压或低网压故障，此类故障机车会根据保护逻辑自动复位（低网压保护时，分主断，并封锁 2 min；高压保护时，分主断，并封锁20 s）。

④ 人工操作过分相（自动过分相）前，应提前回调速手柄减流，避免带电流分主断

3. 牵引力发挥异常

牵引力发挥异常时，应急处理步骤及方法见表3-3。

表3-3　牵引力发挥异常时的应急处理步骤及方法

现　象	步　骤	方　法
1. 全车无牵引力	微机复位	按压"微机复位"按扭复位，按压时间大于1 s
	确认牵引条件是否满足	依次按压显示屏"主要数据""封锁条件"按钮进入"牵引封锁"界面，根据信息提示进行处理
	大复位	停车，断开司机室控制电源开关进行大复位，断开时间大于10 s
注意：①总风缸压力不得低于650 kPa；②牵引变流器冷却水压不得超出1.8～3.3 bar范围；③机车运行中，应经常通过显示屏温度界面观察牵引变流器水压、水温、柜体温度及电机温度等参数		
2. 某节、架或电机隔离无牵引力（牵引力足时，建议维持运行或进站内处理）	故障查询	在显示屏"主界面"按压上方■按键，确认是否存在"三相开关断开"或"MCB打开"等故障，如果有，在低压柜上恢复相应开关
	隔离解锁	确认故障消除后，在显示屏"主界面"按压"隔离解锁"按钮，解除锁定故障锁

4. 辅助逆变器故障

辅助逆变器发生故障时，应急处理步骤及方法见表3-4。

表3-4　辅助逆变器故障时的应急处理步骤及方法

步　骤	方　法
1. 微机复位	按压司机室"微机复位"按扭复位，按压时间大于1 s
2. 在显示屏"主界面"按压上方■按钮，确认是否存在其他辅助逆变器负载故障	同时有"主压缩机故障"时，在机械间低压柜中将"主压缩机"三相电源开关置于断开位
	注意：此时机车只有一个压缩机能正常工作，司机应时时观察总风管风压情况，必要时人工操作压缩机起"强泵"
	同时有"空调故障"时，关闭空调，或在机械间低压柜中将"空调"三相电源开关置于断开位
	同时有"充电机故障"时，在机械间低压柜中将"充电机"三相电源开关置于断开位

续表

步　骤	方　法
3. 辅助逆变器冗余切换	在机械间低压柜中依次断开"辅变到主变电压传感器=34–Q20""辅变到主变电压传感器=34–Q21"三相电源开关，隔离故障架辅助逆变器 注意：①冗余模式下机车只有一个压缩机能正常工作，司机应时时观察总风管风压情况，必要时人工操作压缩机起"强泵"。②请勿断开"辅助系统控制1""辅助系统控制2"开关，这样会引起整节机车隔离

5. 空转或卸载

① 人工撒砂，增加机车轮对与轨面的摩擦力。

② 可适当降低调速手柄级位，使给定力矩略大于实际力矩（手柄不宜回零），当实际力矩稳定不再卸载时，逐渐提升调速手柄以便最大限度地发挥机车牵引力。

③ 当轨面黏着不好时，机车起车或坡道提速过程中调速手柄不能推得太快，应逐渐施加牵引力。

④ 如果是非空转原因的牵引力卸载，请关注网压、水温等引起的降功保护。

6. 复位方法及注意事项

（1）微机复位

使用时机：优先使用。

消除故障：调速手柄回"0"位，按压"微机复位"按钮1次，时间大于1 s。

隔离故障设备：若故障一直存在需要隔离故障设备时，则连续按压"微机复位"3次，每次按压间隔时间为2 s（可以在运行中进行）。

（2）隔离解锁

使用时机：在故障消除、确认无异常，需要使隔离的设备重新投入工作时使用。在主断路器断开、调速手柄回"0"位的情况下，按压显示屏上的"隔离解锁"按钮1次，时间大于2 s。

（3）大复位

使用时机：在微机复位、隔离解锁无效时使用。在机车停车的条件下，降受电弓、分主断、调速手柄回"0"位后，断开司机室"控制电源开关"20 s（监控系统30 s、制动系统60 s）以上再闭合。进行大复位时机车将自动实施停放制动。

7. 惩罚制动缓解说明

惩罚制动实施以后，若需对其进行缓解，只需将方向手柄回零，CCU将取消送给BCU的惩罚制动请求信号，之后可通过将大闸手柄置于抑制位1 s后回运转位来缓解惩罚制动。

8. 蓄电池充电机组故障

观察机械间充电机监视器，若报"充电过流"或"**模块故障"，观察蓄电池充电电压和电流显示，确认蓄电池充电是否正常。若充电不正常（输出电压<110 V，电池电流为负值），可对充电机复位——同时按压充电机监控模块小屏幕上的"+"和"–"按钮，保持10 s后充电机重置。如无效，则维持到前方站，停车后进行大复位处理。

任务3.2 HX_D2型机车

3.2.1 HX_D2型机车概述

HX_D2型机车采用大功率异步牵引电机、牵引变压器、单轴控制、由IGBT元件组成的水冷变流器、微机网络控制系统、电子控制制动系统、独立通风冷却等技术，按照用户要求进行适应性设计。该型机车单轴功率为1 200 kW，最高运行速度为120 km/h。机车在海拔不超过2 500 m、最大相对湿度（该月月平均最低温度不低于25 ℃）为95%、环境温度（遮荫处）在−25～40 ℃之间可正常运行，采取加温和防寒措施后可在−40 ℃的环境条件下按照机车额定功率正常工作，车外橡胶件及阀在−50 ℃环境下可正常使用，能承受风、沙、雨、雪、煤尘和偶有的沙尘暴等气候条件。该型机车采用B₀—B₀+B₀—B₀配置，机车由双节机车（A节、B节）连挂组成，两节机车（A节、B节）的结构基本相同，每节机车具有单端司机室，两节机车（A节、B节）的两个司机室通过中间走廊及两节机车连挂处的橡胶风挡、渡板相贯通。机车采用交—直—交传动形式、25 kV/50 Hz 的电压制式，单轴控制，采用电压型牵引变流器和三相交流异步牵引电动机，与既有交—直传动机车相比，具有恒功率速度范围宽、轴功率大、黏着特性好、功率因数高、谐波干扰小、维护率和全寿命运营成本低、运营安全可靠、适用范围广等优点。机车主要原材料在−40 ℃条件下具有良好韧性，从而使机车的适用地域更加广泛。

机车主要包括以下几个子系统：由受电弓、真空主断路器、避雷器、高压隔离开关、高压电压互感器、高压电流互感器、主变压器、IGBT四象限整流逆变装置、交流异步电机等组成的主电路系统；由辅助变流装置、辅助电机等组成的辅助电路系统；机车内部的各电子控制装置或系统；机车微机网络控制系统（采用TCN网）；制动系统（增加气动重联等功能）；机车车载安全防护系统（增加行人光闪警示功能）；贯穿在各子系统内的独立通风冷却系统；高强度车体；高黏着、低动力作用转向架、压车铁等其他附属装置。在机车的标准配置中，单节机车整备重量为100 t，对应轴重为25 t。

为适应铁路重载运输的要求，机车按照交流传动9 600 kW八轴货运电力机车技术规范（以下简称技术规范）进行了改进设计，其总的技术优势表现在以下几个方面。

①机车轴重为25 t。

②机车工作的环境温度在−40～40 ℃之间。

③机车总体设计采用模块化技术，大部分部件基于HX_D2型系列机车平台设计，其先进性、成熟性、通用性和可靠性得到了充分体现。

④机车采用整体独立通风系统，能防止机械间设备被污染，保证了司机室的清洁。

⑤机车实行独立轴控方式，包括四象限整流控制、逆变控制、防空转/防滑控制和安全保护控制。

⑥机车变流技术采用了先进的IGBT元件，使机车单轴功率可达到1 200 kW，机车总功率能达到9 600 kW。变流模块采用易拆卸技术，模块还带有定位针，防止不同模块的错插。

⑦ 两组相同的辅助静止变流器为机车提供辅助电源。通常一个变流器提供380 V、50 Hz频率的电源，而另一个提供变频电源。在降级运行模式工况下，每个变流器都能为全部辅助设备供电。

⑧ 按照用户要求配置机车信号设备及列车无线调度通信设备。

⑨ 采用整体承载式焊接车体结构，无横梁框架式波纹板侧墙，有中梁，并与台架合成统一的底架，具有良好的工艺实现能力；可以承受纵向压缩3 600 kN和拉伸2 500 kN的高强度；在−40 ℃低温下具有良好冲击韧性值的特殊原材料，使机车的适用范围更广。

⑩ 采用B_0—B_0转向架和分体轮对，机车装有轴承故障监测装置，保证了机车运行的高黏着利用和较高的安全性、舒适性。

⑪ 司机室设计满足规范化的设计要求，采用双座椅，满足单司机操纵要求。

⑫ 高度重视防火性能，要求机车在设计、制造及原材料、部件防烟火特性等方面严格遵循国际相关标准的规定。

⑬ 机车配备卫生间、空调、热水壶、取暖设备等生活设施，保障了司乘人员的生活需求。

⑭ 机车内部通过后墙把司机室与机械间隔开，同时机械间设置中间走廊，宽度大于700 mm，高度大于1 900 mm，能够无障碍地从机械间进入司机室，两节机车司机室通过机械间走廊及两节机车间的风挡贯通。

3.2.2 HX$_D$2型机车典型故障应急处理

1. 常用逻辑关系及要求

① 每项指令要给足1 s，每项指令之间要间隔1 s。

② 断、合蓄电池或电钥匙时，必须停车。

③ 断、合蓄电池，要间隔1 min。

④ 断蓄电池前，必须先断开电钥匙。

⑤ 闭合蓄电池1 min后，再合上电钥匙。

⑥ 弓网无电时，按"蓄电池切除"按钮以省电，监控、通信、照明、辅助压缩机不受影响。

⑦ 蓄电池电压低于88 V时报警，低于77 V时蓄电池接触器断开。

⑧ 断开电钥匙时，弹停、大闸、小闸均上。

⑨ 隔离高压隔离开关的一节车，受电弓不能升。

⑩ 显示屏有接地显示时，受电弓不能升。

⑪ 无感应网压时，不许升弓。

⑫ 受电弓升起且网压正常时，方可合主断。

⑬ 有紧急指令输出时，主断不能闭合。

⑭ 调速手柄在非零位时，主断不能闭合。

⑮ 总风压力低于700 kPa时机车不能缓解，低于600 kPa时启动惩罚制动，封锁牵引指令。

⑯ 停放制动施加，牵引封锁。

⑰ 同节车两台油泵断路器均断开，牵引封锁。

⑱ 机车制动缸压力大于90 kPa，牵引或电制封锁。

⑲ 带闸起动，速度大于 10 km/h，牵引或电制封锁。

⑳ 制动缸隔离，牵引封锁。

㉑ 紧急制动，司机控制器未重新置于电制位，电制封锁。

㉒ 大闸电制，速度小于 3 km/h，电制封锁。

㉓ 大闸电制，侧压小闸，电制封锁。

㉔ 司机控制器在中立位且速度为 0 时，方可换向。

㉕ 机车速度大于 0 时不能换向，且方向手柄回到中立位时，牵引封锁。

㉖ 在微机显示屏做隔离操作、在各控制单元做断电复位前，必须断主断。

㉗ 无法恢复的故障会自动隔离。

㉘ 辅助压缩机打风若超过 10 min，在微机柜断其断路器，检查并处理管路漏风，30 min 后再打。

㉙ 夏季模式，若停车时间较长，需将方向手柄放置前位，使风机投入冷却。

2. 切除单节机车

切除单节机车的情况包括：单节机车发生刮弓，受电弓瓷瓶击穿或炸裂或接地，主断模块、高压电压互感器、穿墙瓷瓶及车顶其他支持瓷瓶等击穿或炸裂或接地，主变故障，两套辅助变流器故障，四套主变流器故障，两台油泵故障，两台冷却塔风机故障。

3. 复位方法

① 调速手柄回 "0" 位，按压复位按钮 1 s 以上再放开。

② 或断开主断，按压复位按钮 1 s 以上再放开。

③ 或断开主断，对故障部件相应断路器断电后再复位（断路器在微机柜、主/辅变流柜、通用柜）。

④ 或停车、断主断、降弓、断电钥匙、断蓄电池 1 min 后恢复。

4. 受电弓不能升起

① 通过微机屏的 "过程数据/信号状态" 界面查看，将受电弓扳键置于升弓位，查看 D0 输出受电弓继电器 Q1–PT（线号 24D）是否输出高电平（高电平用绿色显示，低电平用白色显示）。其对地测试（线号 24D）是否有 DC110 V，若有 DC110 V 而 VE–PT 不动作，则是 Q1–PT 故障或其常开联锁不良或 VE–PT 故障；若无 DC110 V，则为受电弓隔离开关 YV–PAN、高压隔离开关 H（HT）、受电弓扳键开关 Z–PT、接地开关 GS–GHV 故障。

② 若受电弓升起就降下且该受电弓被隔离，则需重新调整受电弓压力开关的整定值（不小于 300 kPa）。

③ 检查受电弓模板调压阀、隔离阀 RB–RES–PT 是否置于开通位。

④ 从 DDU 屏上进行切换，升另一弓运行。

5. 主断合不上

首先确认主断合预备图标显示，如果主断不闭合，通过微机屏 "过程数据/信号状态" 界面查看 D0 输出主断继电器（32M 线）是否有高电平输出。若 32M 线有高电平，且主断不闭合，则分别检测其中央端子排 4（33 点 773 线）、中央端子排 S1（18 点 772 线）、中央端子排 1（9 点 775、774 线）对地电压，分段检测其关联线路是否正常。

6. 若主断不预备

① 电控紧急按钮 BP–URG–E 显示断开位，常闭联锁良好。

② 原过流继电器Q1L（M）未动作，其常闭联锁良好。

③ 主变压力释放阀继电器 Q（DZ）TFP未动作，其常闭联锁良好，主变压器温度继电器Q1（TFH）正常。

④ 司控器MP-TF为零位，信号检测DI输入10D线高电平。

⑤ 主变压器油温过高保护。

7. 机车牵引无力矩（无牵引力）

① 确认升弓、主断闭合。

② 确认各冷却塔风机启动。

③ 确认总风压力达600 kPa以上。

④ 停放制动施加导致牵引封锁。

⑤ 安全回路导致牵引封锁。

⑥ 空电联合制动导致牵引封锁。

⑦ 小闸制动导致脉冲封锁。

⑧ 两个油流故障导致牵引封锁。

⑨ BCU硬线请求牵引封锁。

⑩ 主控MPU故障，不在线，可断CC-MPU，根据提示进行操作。

8. 冷却塔风机故障

① 检查冷却塔风机热保护继电器是否保护，若保护，进行复位。

② 可将该冷却塔风机所在转向架的2组牵引变流器隔离，保持6/8动力运行。

③ 辅助变流器进行切换试验。

9. 牵引风机故障

① 检查该牵引风机热保护继电器，亮红灯，可进行复位。

② 辅助变流器进行切换试验。

③ 切除牵引风机所在转向架的2组牵引变流器隔离，保持6/8动力运行。

10. 油泵故障（油流）

① 首先确认油泵空开状态，若空开跳，可恢复。

② 1台油泵故障，切除油泵所在转向架或降功率运行；2台油泵故障，切除单节机车。

11. 牵引变流器的四象限逆变器故障处理

① 按微机复位按钮进行复位，重新启动牵引变流器后给牵引级位。

② 若听到有放炮声音，且主断断开，则隔离该牵引变流器，重合主断，维持 7/8 的动力运行，注意加强巡视。

12. 电机逆变器、牵引电机故障

司控器手柄离"0"位，则主断跳开，电机逆变器隔离。

① 微机复位后，重新合主断，重新给牵引级位。

② 将该轴电机逆变器隔离后，维持7/8动力运行。

13. 逆变器速度检测故障（电机转速传感器故障）

① 微机复位，重新给级位。

② 将该轴电机逆变器隔离。

③ 机车速度达20 km/h时，该轴逆变器自动隔离。

14. 辅助变流器故障

某一组辅助变流器故障：

① 断主断，进行微机复位；

② 切除该组变流器，继续运行。

若单节 2 组辅助变流器故障：

① 断主断，进行微机复位；

② 切除单节，维持运行。

15. 各种电气故障不能复位的处理

① 断主断，进行微机复位。

② 通过微机显示屏控制界面进行人为隔离。

③ 断蓄电池上电按钮 BP-CBA，30 s 后重新上电。

16. 大、小闸操作异常

① 机车紧急制动后，断 BCU 的自动开关 CC-BRAKE，30 s 后重新上电。

② 切换到备用制动工况。

17. 机车切除单节处理

① 通过微机显示屏控制隔离电机逆变器，保留该节辅助变流器 1、2 工作，空压机工作，蓄电池可进行充电等。

② 制动柜上切除 RB（IS）CF1（2），MP-DE，该节封锁，主辅工作。

③ 故障节的高隔开关置于隔离位，该节主辅不工作。

④ 手动隔离故障节的牵引变流器 1、2，高隔开关置于隔离位，该节主辅不工作。

18. 运行中，微机显示屏死机

电源柜断 CC-DDU 断路器后，重新上电即可。

19. 停放制动的切除

① 停放制动隔离阀 RB（IS）FS 置于隔离位。

② 缓解机车空气制动后，手动缓解停放制动（拉环），其指示器状态为红色（这样处理，停放制动不封锁牵引）。

任务 3.3　HX$_D$3 型机车

3.3.1　HX$_D$3 型机车概述

HX$_D$3 型机车在采用 PWM 矢量控制技术等的同时，考虑了对环境的保护，减少了维修工作量。另外，以能够在全国范围内运行为前提，在满足环境温度在 -40～40 ℃之间、海拔高度在 2 500 m 以下的条件的同时，考虑利用 4 组机车重联来控制运行。

该型机车的主要特点如下。

① 轴式为 C$_0$—C$_0$，电传动系统为交—直—交传动，采用 IGBT 水冷变流器、1 250 kW 大转矩异步牵引电动机，具有起动（持续）牵引力大、恒功率速度范围宽、黏着性能好、功率因

数高等特点。

② 辅助电气系统采用 2 组辅助变流器，能分别提供VVVF和CVCF三相辅助电源，对辅助机组进行分类供电。该系统冗余性强，一组辅助变流器故障后可以由另一组辅助变流器对全部辅助机组供电。

③ 采用微机网络控制系统，能实现逻辑控制、自诊断功能，而且实现了机车的网络重联功能。

④ 总体设计采用高度集成化、模块化的设计思路，电气屏柜和各种辅助机组分功能、斜对称布置在中间走廊的两侧；采用了规范化司机室，有利于机车的安全运行。

⑤ 采用带有中梁的、整体承载的框架式车体结构，有利于提高车体的强度和刚度。

⑥ 转向架采用滚动抱轴承半悬挂结构，二系采用高圆螺旋弹簧；采用整体轴箱、推挽式低位牵引杆等技术。

⑦ 采用下悬式安装方式的一体化多绕组（全去耦）变压器，具有高阻抗、重量轻等特点，并采用强迫导向油循环风冷技术。

⑧ 采用独立通风冷却技术。牵引电机采用由顶盖百叶窗进风的独立通风冷却方式；主变流器水冷和主变压器油冷采用水、油复合式铝板冷却器，由车顶直接进风冷却；辅助变流器也采用车外进风冷却的方式；另外还考虑了司机室的换气和机械间的微正压。

⑨ 采用了集成化气路的空气制动系统，具有空电制动功能。机械制动采用轮盘制动。

⑩ 采用了新型模式的空气干燥器，有利于压缩空气的干燥，减少了制动系统阀件的故障率。

3.3.2 HX$_D$3型机车典型故障应急处理

HX$_D$3型机车在进行故障应急处理前应注意以下事项。

① 故障处理前，必须将主手柄及换向手柄回"0"位，断开主断路器。

② 机车在运行途中断开下列开关或断路器均会造成机车惩罚制动：

- 电钥匙SA49（50）；
- 微机控制1、2自动开关QA41（42）；
- 电空制动自动开关QA55；
- 司机控制1、2自动开关QA43（44）；
- 机车控制自动开关QA45；
- 蓄电池自动开关QA61。

注意：HX$_D$3-240以后的机车，上述开关或断路器断开后将延时10～15 s发生惩罚制动。

③ 人为断开上述开关后，再重新闭合需要间隔30 s以上。

④ 确认需要断开蓄电池自动开关QA61之前，应正确处理好监控装置的操作。

1. 受电弓不能升起

原因：

① 总风缸压力或控制风缸压力不低于480 kPa；

② 控制电器柜上有关断路器不在正常位置；

③ 升弓气路有关塞门不在正常位；

④ 主断控制器故障。

应急处理：

① 检查总风缸压力或控制风缸压力不低于480 kPa，若风压低于480 kPa，使用辅助压缩机泵风（辅助压缩机泵风按钮SB95在控制电器柜上）。当风压达到735 kPa时，辅助压缩机自动停泵。

② 利用辅助压缩机泵风时，泵风时间不得超过10 min，若超过时间，需要人为断开机车控制自动开关QA45来切断辅助压缩机电路。再次投入需要间隔30 min，辅助压缩机最高限压为750 kPa。

③ 如果风压正常，则检查控制电器柜上有关断路器的位置（应置于正常位），如有跳开现象，检查确认后重新闭合开关。

④ 检查升弓气路有关塞门（应在正常位）：

• 蓝色钥匙应插入制动装置内的受电弓用的管道切断开关，并处于垂直位；

• 升弓塞门U98（受电弓控制单元上）应置于开放位。

⑤ 检查主断控制器，将其上面的开关置于"停用"位置，如能升起，说明主断控制器故障，换弓维持运行。

2. 主断合不上

原因：

① 总风缸压力或辅助风缸压力小于650 kPa。

② 司机控制器手柄不在"0"位。

③ 主断供风塞门U94（受电弓控制单元上）在"关"位。

④ 两端司机室操纵台上的紧急按钮（SA103，SA104）之一不在弹起位（紧急按钮有按压复位和旋转复位两种）。

⑤ 半自动过分相按钮（SB67，SB68）不在正常弹起位。

⑥ 自动过分相装置试验按钮（自复式）不在正常弹起位。

⑦ CI试验开关SA75（电器控制柜上）不在正常位。

应急处理：

① 总风缸压力或辅助风缸压力小于650 kPa时，受电弓能升起，主断合不上，使用辅助压缩机继续打风。

② 置司机控制器手柄于"0"位。

③ 置主断供风塞门U94（受电弓控制单元上）在"开"位。

④ 置两端司机室操纵台上的紧急按钮（SA103，SA104）在弹起位（紧急按钮有按压复位和旋转复位两种）。

⑤ 恢复半自动过分相按钮（SB67，SB68）在正常弹起位。

⑥ 恢复自动过分相装置试验按钮（自复式）在正常弹起位。

⑦ 置CI试验开关SA75（电器控制柜上）在正常位。

3. 主断分不开

原因：主断扳钮控制电路故障。

应急处理：因半自动过分相已切除，遇此情况过分相前应及时将调速手柄回"0"位，按紧急按钮实施紧急停车，并将制动单元内的蓝色钥匙（制动装置内的受电弓用的管道切断开关）转动90°置于关闭位，实施紧急降弓。

注：HX$_D$3型机车不断主断，受电弓无法降下。所以，需降弓时，必须先断主断再降受电弓。

4. 110 V充电装置（PSU1、PSU2）故障（DC110 V运转停止）

原因：PSU1或PSU2故障。

应急处理：

① PSU有两组，当有一组出现故障时，微机会自动转换。

② 若微机没有转换，尽量在前方站停车，输入检修密码"000"，修改日期。例如今天是6月1日，改成6月2日或5月30日等，以此类推，即改变日期的奇偶数，断合总电源复位，微机重启将PSU转换到另外一组工作。

③ HX$_D$3型大号机车（240号以后的机车），在PSU的柜体左侧有PSU手动转换开关，当微机无法自动转换时，可以断电后手动转换。

④ 如PSU两套转换及断电复位均无效，分别隔离APU进行操作；如果机车DC110 V电源正常，则维持运行。

注：升弓合主断后，用TCMS屏的辅助电源画面检查PSU1、PSU2状态，红色为故障，绿色为运转中，黑色为停止中。

5. 提牵引主手柄，无牵引力

原因：

① 各风机未启动完毕（换向后，风机启动）。

② 弹停装置动作。

③ 制动系统显示屏显示动力切除状态。

④ 监控装置发出卸载信号。

⑤ 低压电器柜对应的自动开关处于断开位。

⑥ 牵引手柄位置不当。

应急处理：

① 确认各风机启动完毕（换向后，风机启动）。

② 确认总风压力在500 kPa以上，用弹停手动开关缓解，确保操纵台停车制动红色指示灯熄灭。

③ 确认制动系统显示屏不显示动力切除状态。

④ 确认监控装置未发出卸载信号。

⑤ 通过TCMS显示屏查看机车部件的状态，发现异常，到低压电器柜检查对应的自动开关是否处于闭合位。

⑥ 如果过完分相，主断已闭合，提牵引手柄，还是没有牵引力，可以回牵引手柄到"0"位，重新再提，并注意手柄的级位与机车速度之间的关系。

6. 主变流器故障（多次复位）

原因：机车运行途中发生跳主断，故障显示灯亮，微机屏可能显示主接地、牵引电机过流、主变压器牵引绕组过流、中间回路过电压、网压异常等信息。

应急处理：

① 将司机控制器手柄回"0"位，按压操纵台"复位"按钮，再合主断、提手柄。此时注意TCMS提示的内容，包括故障信息和电机牵引力情况。

② 如合不上主断，或提手柄后跳主断，应根据提示隔离相应的主变流器，然后再合主断（试验牵引）。隔离操作需要在微机屏上触摸进行。隔离切除后，机车损失部分动力。

主变流器切除、恢复的方法如下。

（1）切除

① 在TCMS显示屏"牵引/制动"界面上，单击开放状态按钮。

② 切换到"开放"界面。

③ 单击有故障的主变流器，字母底色由黑色变为蓝色。

④ 单击开放按钮，此时有故障的主变流器被成功切除，同时字母上方的"正常"二字变为"开放"二字，底色由绿色变为红色。

（2）恢复

① 在TCMS显示屏"牵引/制动"界面上，单击开放状态按钮。

② 切换到"开放"界面。

③ 单击被隔离的主变流器，字母底色由蓝色变为黑色。

④ 单击开放按钮，此时被隔离的主变流器即可恢复，同时字母上方的"开放"二字变为"正常"二字，底色由红色变为绿色。

注：当故障严重时，在司机室有可能听到机械间有很大的"放炮"声音，并可能有冒烟现象，司机室微机屏显示相应的主变流器故障。

7. 辅助变流器故障

原因：机车运行途中发生跳主断，故障显示灯亮，微机屏显示辅助变流器输入过流、辅助回路过载、中间回路过电压、辅助回路接地等故障信息。

应急处理：

① 主手柄和换向手柄回"0"位，10 s后重合主断，故障消失后继续运行。

② 辅助变流器有两组，当一组出现故障时，微机会自动转换。此时通过微机屏查看辅助电源画面，KM20应闭合（KM20变为绿色）。

③ 若微机转换异常，可以手触显示屏"开放"故障的一组辅助变流器，让TCMS切除转换；也可以断、合低压电器柜上的辅助变流器自动开关（QA47）进行复位转换（2 min内连续发生多次，该辅助变流器将被锁死）。

④ 若还不能正常转换，需要停车降弓，断开蓄电池总电源30 s以上进行复位。

注：当切除一组辅助变流器后，牵引风机将全速运转，只有一台空气压缩机投入工作。

8. 牵引风机故障（机车降功1/6，微机屏显示风机故障或风速故障）

原因：该牵引风机电机接地、过流，自动开关跳开。

应急处理：

① 主手柄和换向手柄回"0"位，并断主断。

② 在电器控制柜上合上跳开的自动开关后重新合主断，并将换向手柄置于前进位，此时若开关不再跳开，为瞬间误动作，可不做处理继续运行。

③ 若故障无法恢复，TCMS会自动将相对应的一组主变流器切除，也可在微机屏手触切除，即主变流器六组中有一组不工作，机车保持5/6的牵引力，可维持运行。

9. 复合冷却器通风机故障（微机屏显示冷却塔风机故障）

原因：复合冷却器通风机电机接地、过流，自动开关跳开。

应急处理：

① 当一组冷却塔风机故障时，断主断后，可断合几次相应的空气自动开关（QA17、QA18）。

② 如果自动开关跳下后因过热保护而无法合上，主断断开后，可调整自动开关上的刻度盘，稍稍向大的方向略微调整，调整为50 A左右，反复推合几次，重新合上后维持运用。

③ 如果机车运行一段时间后再次跳下，说明冷却塔风机确实有发生过流的可能，则不可以进行调整。

10. 主回路接地故障（跳主断，微机屏显示故障信息）

原因：主回路发生接地，主断跳闸。

应急处理：

① 主手柄和换向手柄回"0"位，按下操纵台上的复位按钮进行复位，正常后继续运行。

② 若再次动作，通过TCMS显示屏将有故障的主变流器切除后维持运行。

11. 控制回路接地故障

原因：控制回路接地，自动开关（QA59）跳开。

应急处理：

① 重新闭合控制回路接地自动开关（QA59），若正常，则继续运行。

② 若伴有其他控制回路自动开关跳开，不影响走车时仅闭合QA59，影响走车时断开QA59，闭合跳开的控制回路自动开关维持运行，加强巡视。

12. 辅助回路接地故障

原因：辅助回路发生接地。

应急处理：

① 主手柄和换向手柄回"0"位，按下操纵台上的复位按钮（SB61）进行人工复位后，再合主断，若正常则为瞬间误动作，可不做处理，继续运行。若不正常，则应根据TCMS显示屏的故障记录，做出相应处理（断开其自动开关），若TCMS显示屏无具体故障显示，司机可逐个断开下列自动开关进行排查：QA25，辅助变压器；QA17 ~ QA18，复合冷却器通风机；QA21 ~ QA22，油泵；QA11 ~ QA16，牵引通风机；QA19 ~ QA20，空气压缩机；QA23 ~ QA24，空调。

② 断开某一自动开关后，辅助回路接地不再发生，司机此时应视需要在TCMS显示屏隔离该开关对应的主变流器单元，保留机车的部分功率，视机车牵引吨位情况维持运行，回段报修。

13. 制动显示屏故障

原因：制动显示屏死机。

应急处理：

① 断开QA61，保持30 s以上；再闭合QA61。如果故障仍然存在，则检查制动柜内IPM（集成处理器模块）上第二个指示灯（CPU OK）状态，若指示灯为绿色，则可继续执行下一步操作。

② 检查非操纵端制动机，状态良好时，将非操纵端的显示屏更换到操纵端。

③ 更换完成后，按以下方法设置：按F7 "显示信息"键，再按F3 "机车号"键，使用F4键将光标移动到机车号最后一个字母下方（Ⅰ端为A，Ⅱ端为B），然后按F1 "递增"键，使车号及字母与TCMS的 "Ⅰ、Ⅱ端"匹配，再按F6 "接收"键，按F8 "退出"键，并确认显示屏右下方新设置的A、B端正确。

14. 机车发生惩罚制动的故障

原因：

① 电钥匙或有关自动开关（见故障应急处理前注意事项）故障。

② A、B端识别错误。

③ 制动系统故障。

应急处理：

① 检查电钥匙或有关自动开关，可通过TCMS屏查看有关开关信息。

② 制动显示屏显示A、B端识别错误（代码：108）引起的惩罚制动，应将自动制动阀手柄置于 "抑制位"1 s以上并缓解。

③ 操纵端处理无效，确认 "IPM"上 "CPU OK"指示灯为绿色显示时，换端操纵维持进站。

15. 弹停装置故障

原因：

① 弹停管破裂。

② 弹停扳钮故障。

③ 弹停控制模块故障。

应急处理：

① 关闭弹停模块上的弹停塞门（B40.06）。

② 手动缓解1、6轮对的四个弹停装置。若手动缓解弹停装置，能缓解时，断开机车自动控制开关QA45，将Ⅱ端端子柜内TB2-1上的接线柱1733号线与第五接线柱440号线短接后，合上车底灯/仪表灯扳键开关SB57（SB58），再将QA45闭合，维持运行。若手动缓解弹停装置，不能缓解时，用撒砂管或干砂管更换漏泄的弹停管，更换完毕后，开放弹停塞门，维持运行。

16. 空压机故障灯亮

原因：空压机电机接地、过流，自动开关跳开。

应急处理：

① 主手柄和换向手柄回 "0"位，断开主断路器。

② 合上跳起的自动开关，合主断，若压缩机泵风，该开关不再跳开，则为回路瞬间故障，可不做处理。

③ 若开关依旧跳开，则不做处理，利用另一台压缩机维持运行，回段报修。

17. 辅助压缩机打不起风

原因：

① 辅助压缩机电机故障。

② 辅助压缩机故障。

③ 控制风路漏风。

应急处理：

① 用另一台机车打风。

② 若为控制风路漏风，做相应处理。

注意：使用辅助压缩机泵风5 min，如控制压力不能有效上升，须立即手动停止，确认停车制动装置位于制动位后，关闭制动柜上方A24及干燥塔下方U77塞门，并堵住A24出风口，再启动辅助压缩机泵风，达到规定压力后升弓、合主断，启动主压缩机泵风至定压，再开放A24及U77塞门，其间需保证辅助压缩机处于泵风状态，防止因风压过低而导致主断合不上。

18. 警惕装置动作

原因：警惕装置电路不良，按压"警惕"按钮或脚踏警惕开关无效。

应急处理：在途中一旦警惕装置误动作，在TCMS屏按压"检修状态"后，输入密码"000"，在DI2内查看521#信号，按压"警惕"按钮或脚踏警惕开关后，521#会有反馈信号（按压时间大于1 s，小于10 s，521#显示变绿），开关释放后，如果绿色消失，则可以继续运行。如果没有反馈或反馈信号始终显示绿色，则拔出KE21继电器，维持运行，回段报修（拔继电器之前要求降弓、断主断、断开蓄电池开关，并与"120"联系）。

19. TCMS屏黑屏

原因：TCMS屏死机。

应急处理：确认TCMS屏上无异物，断开微机电源，用手指一直按住触摸屏，此时按住触摸屏的手指不要拿开，给电源，大约10 s，屏幕右上角出现一个白色小光标，按住光标两三秒，光标消失（发出"嘀"的声音），触摸屏左下角出现同样的光标，按住此处光标两三秒，光标消失（发出"嘀"的声音），此时进入TCMS英文黑白菜单界面，按左下角"write config"（写入）触摸按钮，再按右下角重启触摸按钮，重启电源，待微机启动后，再试TCMS屏各触摸按钮，如有效，则修复成功。

20. 牵引状态欠压保护动作，卸载、跳主断

原因：

① 电网容量小，接触网电压偏低。

② 牵引手柄给定值高。

③ 接触网失压。

应急处理：

① 给手柄时注意观察接触网网压，平稳给定手柄位置，缓慢加载。

② 接触网失压时，做如下处理。

• 确认网压表显示及电器控制柜上网压表自动开关QA1状态，若QA1跳开，应重新合上。若接触网停电，应立即停车并报告车站与列车调度员。

• 若快速降弓装置动作，必须立即停车确认受电弓及接触网状态，防止发生弓网事故。

• 因接触网原因造成机车受电弓损坏时，应停车报告车站与列车调度员，并严格按弓网故障处理程序操作。

21. 电阻制动时过压造成卸载、跳主断

原因：

① 操纵时手柄给定过猛，发电电压冲击大。

② 接触网网压不稳定，偏高。

应急处理：

① 提前平稳给定手柄位置。

② 适时观察网压变化和TCMS屏信息，发现网压接近最高限值时，配合使用空气制动。

③ 一旦发生卸载、跳闸，立即回手柄，及时使用空气制动，防止超速。

22. 牵引电机支路过流

原因：

① 操纵时手柄给定偏高、过猛，发电电压冲击大。

② 网压突然发生变化。

③ 保护装置误动作。

④ 变流器支路本身故障。

应急处理：

① 操纵不当、网压突变、保护装置误动作时可重新闭合，进行复位操作。

② 复位操作恢复不了时，可能是变流器支路本身故障，应切除该支路。

23. 主变压器原边过流

原因：

① 在欠压状态下，手柄给定过高，二次侧电流过大或原边保护误动作。

② 变压器原边短路、接地。

③ 牵引电机、变流器支路过流。

应急处理：

① 闭合主断，进行复位操作，能恢复时，维持运行。

② 闭合不上时，尽量维持进站，请求救援。

③ 逐条切除次边负载支路，恢复闭合，判断、查找故障，进行切除，维持运行。

④ 向"120"求救。

24. 主变压器次边过流

原因：

① 次边支路有短路、接地、过流。

② 保护系统误动作。

应急处理：

① 次边过流伴有其他故障显示时，检查、切除相应支路，进行复位操作。

② 次边过流无其他故障显示时，可恢复闭合一次，闭合不上时用另一台机车维持进站，检查处理。

25. 辅机过流

原因：

① 辅机本身故障。

② 空气开关故障。

③ 网压异常。

应急处理：

① 切除相应辅机。

② 断电恢复空气开关，合不上时，切除相应设备。

③检查各辅机工作状态，无异状时，维持运行，加强走廊巡视。

26. 本务机车卸载、常用制动动作时，重联机车不卸载

原因1：重联机车未接收到本务机车监控装置发出的卸载指令。

应急处理：

①列车在牵引运行时，本务机车发生卸载时，司机应立即将调速手柄拉回"0"位。

②列车在牵引运行时，本务机车发生常用制动动作时，司机应立即将调速手柄拉回"0"位，并将大闸置抑制位，待列车实际速度达到允许缓解后方可将大闸拉回运转位。

③通过重联电话联系重联机车乘务员，了解重联机车工作状况。

原因2：网络系统故障，指令无法传输。

应急处理：快速切除重联模式，实现两台机车单独配合操纵（注意事项：本务机车随乘司机应迅速下车，撤除重联线，并登乘重联机车，按既有的双机重联操纵办法操纵，维持运行）。

原因3：重联机车本身故障，无法接收本务机车卸载指令。

应急处理：本务司机应立即解除机车牵引力，实施紧急制动，停车后可根据情况采取切除重联机车、维持运行等应急措施。

27. 运行中，重联机车弹停管爆裂，造成重联机车弹停装置动作，本务机车无法实现控制

原因：弹停装置质量原因。

应急处理：本务机车司机在运行中应适时通过TCMS屏观察重联机车工作状况，发现机车牵引力不足时，迅速通知重联机车乘务员确认弹停装置转换开关位置和指示灯工作状态，如确认为弹停装置发生作用，应立即停车处理。

28. 自动过分相装置投入使用时，本务机车过分相绝缘后，检测到地面分相绝缘发码信号（发出"闭合"指令），此时重联机车仍处在分相内方，接收"断开"信号，发生信号逻辑冲突而导致不受控制

原因：因自动过分相装置不适用于HX_D3型双机重联机车。

应急处理：切除自动过分相装置。

模块4
CCBⅡ制动系统

任务4.1　CCBⅡ制动系统概述

　　列车制动系统是保证列车安全行车不可缺少的重要装置。随着我国科技的不断进步，电力机车、内燃机车逐渐由直流传动向交流传动转换，机车制动技术也由以往的逻辑控制方式向微机、网络控制方式转换。现阶段，我国在HX_D1、HX_D3系列大功率交—直—交电力机车上的"克诺尔"制动机采用了先进的CCBⅡ制动系统。CCBⅡ的含义是：第二代微机控制制动系统。该制动系统原创于德国的KLR型空气制动机，后经美国加以改造，由26L型空气制动机改进而成，是基于微处理器控制、以LON网络（原意为局部操作控制网络）为基础的自保式电空制动系统，除紧急制动外，其余逻辑模块均是微机控制。该系统为满足干线客、货运机车的运用要求而设计，可以和我国现有机车车辆制动系统进行匹配使用。

　　CCBⅡ制动系统采用模块化、电子集成化、微机化、智能化等技术，利用计算机编程形成闭环网络控制，系统内模块与模块之间、模块与IPM之间通过LON线连接并进行数据交换，具有控制准确性高、反应迅速、安全性高、部件集成化程度高等优点，而且可进行部件的线路更换，维护简单，有自我诊断、故障显示及处理方法提示等功能。由于CCBⅡ制动系统的控制全部采用电子化，工作环境处于强大的电磁场中，加之高热环境及自身发热，在前期实际运用过程中系统发生故障略多，近年来随着技术不断完善，系统稳定性明显提高，故障率明显降低。

任务4.2　CCBⅡ制动系统主要部件及控制关系

　　CCBⅡ制动系统由5部分组成，分别如下。

　　LCDM——制动显示屏（两端各一个）；

　　IPM——微处理器模块（X–IPM为扩展型、M–IPM为非扩展型）；

　　EBV——电子制动阀（两端各一个），电子制动阀包括自动制动阀（简称阀，又称大闸）和单独制动阀（又称小闸）；

RIM——继电器接口模块。

EPCU——电空控制单元（也称可更换单元LRU）；

其中，EPCU、IPM、EBV为系统的最基本构成。

图4-1说明了全集成CCB Ⅱ制动系统的控制结构体系。

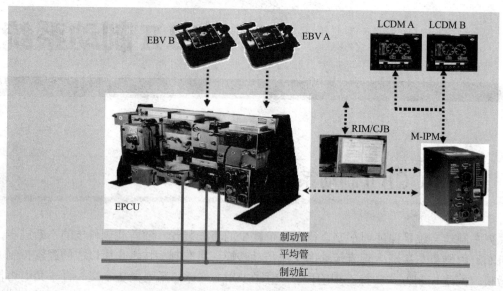

图4-1　全集成CCB Ⅱ制动系统的控制结构体系

CCBⅡ制动系统设计使用了Echelon LonWorks网络技术来连接EBV、IPM、EPCU及EPCU中的每个LRU。这些部件可以相互交换信息，从而有效地控制制动系统的功能。

任务4.3　制动显示屏的功能及制动机设置

制动显示屏（LCDM）为人机接口，如图4-2所示，能够实现本/补机、均衡风缸定压、列车管投入/切除、客/货、补风/非补风等性能参数设置，完成制动系统自检、校正、故障查询等功能的选择和应用。

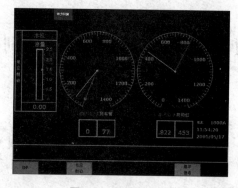

图4-2　制动显示屏

（1）CCBⅡ制动系统"投入""切除"功能的含义如下。

① 投入。就是投入均衡风缸对列车管压力变化的控制，即均衡风缸投入工作。自动制动阀（大闸）通过均衡风缸控制列车管压力变化，从而达到控制整个列车制动、缓解的目的。因此，也可以理解为"大闸"投入工作。

② 切除。就是切除均衡风缸对列车管压力变化的控制，即切除均衡风缸的作用。自动制动阀（大闸）不能通过均衡风缸控制列车管压力变化，来控制整个列车的制动、缓解。因此，也可以理解为"大闸"被切除，失去对列车管的控制作用。

（2）CCBⅡ制动系统"客车位""货车位"功能的含义如下。

① 客车位。此模式下，制动系统具有阶段缓解功能，列车管泄漏时可自动补风，正常情况应与补风与非补风选项中的补风选项对应选择。此模式下"非补风"功能失效。

② 货车位。此模式下，可进行列车管补风与非补风功能选择，在补风状态下，如果列车管泄漏，总风将自动补风列车管压力到均衡风缸压力；若选择非补风，则列车管泄漏时不能补风。

现阶段，由于我国车辆制动机不具备阶段缓解功能，因此不允许使用列车管的"补风"功能。

制动系统设置及设置检查是行车前司机必须完成的工作。制动系统进行设置时必须满足的条件是：机车必须在停车、制动状态下设置；制动缸压力必须保持至少在280 kPa以上；如果空气制动信息框显示错误信息，必须按信息提示操作，否则将无法继续进行设置。

（3）CCBⅡ制动系统制动显示屏几种机车工作模式如下。

① "本机"模式。这种模式是操纵节机车（或主控机车操纵节）CCBⅡ制动系统正常工作模式，此时自动制动和单独制动相互配合，控制全列车的制动、缓解，或单独控制机车制动、缓解。

② "补机"模式。这种模式切除了本节机车的自动和单独制动控制功能（自动紧急制动除外）。本节机车制动缸压力变化受操纵节机车的控制，与操纵节机车制动缸压力一致。此时电子制动阀大、小闸手柄可以自由移动，除了紧急位以外，不起任何作用。此模式下，自动制动阀（大闸）应该置于重联位，单独制动阀（小闸）应该置于运转位。

③ "单机"模式。这种模式只投入单独制动控制模式，单独控制机车的制动和缓解。此模式下，自动制动阀（大闸）失效，不能控制列车管充、排风，因此机车不能牵引列车运行，只能单机运行。

系统自检功能多由机务部门整备车间完成，如不选择特定模块，系统默认检测所有模块，自检时间为15 min左右。而后显示信息告诉操作者"自检通过"或"自检失败"。

任务4.4　微处理器模块与继电器接口模块

微处理器模块（IPM）也称中央集成处理模块，是制动系统的主计算机和制动系统中央处理器。其中，X-IPM为扩展型，M-IPM为非扩展型，用于各制动功能的软件计算，并对各软件状态进行检测和维护，处理与制动显示屏有关的任务，并通过LON网络传送制动命令给电空控制单元（EPCU）。微处理器模块也通过继电器接口模块（RIM）与机车控制系统

（TCMS）和安全装置（ATP）进行通信。

微处理器（见图4-3）前端设有13个指示灯，用于提供制动系统状态的反馈信息。若制动系统处于正常工作状态，则微处理器顶端的两个绿色指示灯处于指示状态。各指示灯的含义如下。

图4-3 微处理器

- POWER——绿色表示微处理器已得电；
- CPU OK——绿色表示微处理器工作状态良好；
- DP LEAD——绿色表示该机车处于动力分散主控机车模式；
- DP REMOTE——绿色表示该机车处于动力分散从控机车模式；
- DP RX——绿色表示该机车正接收无线电信息；
- DP COMMINT——红色表示该机车无线通信故障；
- DATALINK FA——红色表示该处理器与机车控制系统、电空控制单元或制动显示屏通信失败；
- NETWORK FA——红色表示CCBⅡ制动系统内部通信失败；
- EBV FAIL——红色表示CCBⅡ制动系统电子制动阀故障；
- EPCU FAIL——红色表示CCBⅡ制动系统电空控制单元失效；
- EAB BACKUP——红色表示CCBⅡ制动系统已进入备份模式。

另外，X-IPM前端有7个电缆线口，其具体含义如下。

- J1——数据传输装置；
- J2——测试接口，用于系统软件更新、维护软件的下载；
- J3——远程控制用电台连接接口（HX$_D$3型机车无此功能）；
- J4——连接继电器接口模块；
- J5——电源输入接口；
- J6——网络接口，连接电空控制单元；
- J7——远程控制接口（HX$_D$3型机车无此功能）。

继电器接口模块（RIM）安装在制动柜内，是IPM和机车之间进行通信的继电器接口，如图4-4所示。

图4-4　继电器接口模块

信号输入部分包括：由安全装置产生的惩罚制动和紧急制动，A/B端司机室操作激活信号，动力制动投入信号，MREP压力开关工作状态信号，机车速度信号。信号输出部分包括：紧急制动，撒砂开关动作，动力制动切除（制动缸压力为90 kPa时，单独制动继电器得电，产生单独制动信号以减少动力制动的扩展范围），重联机车故障。

任务4.5　电子制动阀

电子制动阀（EBV）是CCBⅡ制动系统的操作部件，安装于司机室左侧。司机通过电子制动阀直接给电空控制单元（EPCU）发送指令，并通过微处理器进行逻辑控制，如图4-5所示。

图4-5　电子制动阀

电子制动阀采用水平安装结构，包括自动制动阀和单独制动阀。自动制动阀位于左侧，单独制动阀位于右侧，中间为手柄位置指示标牌。除紧急制动外，为全电子化阀，除电子起动外，还装有空气阀（21排风阀）起动EPCU。当自动制动阀手柄位于紧急制动位时，机械阀动作，保证机车车辆在任何状态下均能产生紧急制动作用（含机车或蓄电池无电情况）。

自动制动阀手柄工作位置包括运转位、初制动位、全制动位（最大减压位）、抑制位、重联位、紧急位，在初制动位与全制动位之间是常用制动区。自动制动阀手柄置于抑制位时列车将产生全制动作用，同时抑制位为惩罚制动后制动机解锁位，可抑制惩罚制动，自动制动阀手柄放在抑制位1～2 s可解锁惩罚制动。重联位为补机或非操作端工作位，该位置均衡风缸按常用制动速度减压到0，列车管减压到69 kPa或80 kPa左右（不同车型参数不同），制动缸压力上升到450 kPa；手柄向前推为制动，向后拉为缓解。重联位可通过插针固定，一旦EBV上了锁，自动制动阀手柄任何方向都不能移动。

单独制动阀手柄包含运转位和全制动位，在运转位和全制动位之间是制动区。制动区产生0～300 kPa的压力。无论是制动机补风模式还是非补风模式，也不论客车/货车模式如何设定，单独制动阀手柄均能实现机车的阶段制动和阶段缓解。倾斜侧压单独制动阀手柄可以随时激活单独缓解功能，使自动制动阀手柄产生的制动缸压力缓解，而单独制动阀手柄产生的制动缸压力将保持。电子制动阀底部如图4-6所示。

图4-6　电子制动阀底部

自动制动功能由自动制动阀实现，单独制动功能由单独制动阀实现，侧压单独制动阀手柄会缓解自动制动阀所施加的制动缸压力，但会保持单独制动阀产生的机车制动缸压力。紧急制动复位后可自动恢复制动缸压力。常用制动制动缸压力不能恢复。

紧急制动或惩罚制动时，动力切除。

EBV内部由机械阀、弹簧开关、信号采集模块、LON通信模块组成，控制核心是由Neuro3150芯片、I/O、A/D、D/A等构成的EBV CN（EBV智能节点），由它执行自动制动、单独制动和单缓命令。EBV制动手柄控制2个滑动变阻器（AP、IP）和7个弹簧开关（AE1、AR、IF、IR、AE2、BO1、BOBU），由信号采集模块处理滑动变阻器阻值和弹簧开关的吸合情况，变换计算得到精准的压力控制，并将计算结果送至EPCU及IPM。其中滑动变阻器AP和IP的作用是实现EBV的精准控制，4个弹簧限位开关（AE1、AR、IF、IR）协助EBV判断制动手柄位置，并实现EBV校准功能。

在正常工作时，EBV每隔100 s周期性地向IPM发送生命信号。当IPM在4 s内未能检测到该生命信号时，就会向乘务员报085故障；当IPM重新检测到EBV生命信号时，会发送惩罚制动指令，EBV自动制动阀置于抑制位，恢复正常功能。当出现085故障时，应先确定EBV到EPCU的电缆是否接牢、EBV工作指示灯是否为绿灯常亮。

任务4.6　电空控制单元

电空控制单元（EPCU）包括电气一体化模块和纯气动模块，由电空阀和空气阀组成，用于控制机车空气管路系统的压力变化，是CCBⅡ制动系统的执行部件，位于机车制动控制柜，如图4-7所示。

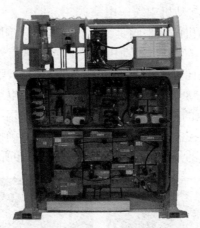

图4-7　电空控制单元

电空控制单元的所有电空阀和空气阀都集成到8个线路可更换模块（LRU），8个可更换模块分别是ERCP（均衡风缸控制模块）、BPCP（列车管控制模块）、16CP（控制制动缸中继阀模块）、13CP（机车单独缓解模块）、20CP（产生平均管压力模块）、BCCP（制动缸中继阀模块）、DBTV（备用模式中控制16号管压力模块）、PSJB（电源接线盒模块）。其中BPCP（列车管控制模块）、ERCP（均衡风缸控制模块）、13CP（机车单独缓解模块）、16CP（控制制动缸中继阀模块）、20CP（产生平均管压力模块）5个模块是"智能的"，带有网络节点，该节点包含一些与其功能相适应的电气元件和软件，可以通过LON网络与EBV、IPM进行通信，如图4-8所示。

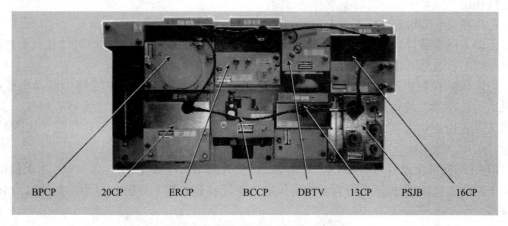

| BPCP | 20CP | ERCP | BCCP | DBTV | 13CP | PSJB | 16CP |

图4-8　8个线路可更换模块（LRU）

EPCU设有过滤装置，年检时更换。

4.6.1　均衡风缸控制模块

均衡风缸控制模块（ERCP）接收来自电子制动阀的自动制动阀指令、微处理器及机车安全监控系统的指令来控制机车制动缸压力。其主要作用是：本机响应自动制动阀指令产生均衡风缸压力和列车管控制压力；用于机车无火回送转换；对自动制动阀手柄挡位做出反应。类似于东风型内燃机车JZ-7型空气制动机中自动制动阀内的调整阀的作用，也类似于韶山型电力机车DK-1型电空制动机中缓解电空阀（258YV）和制动电空阀（257YV）的联合作用。其中JZ-7型空气制动机的调整阀是纯机械结构，只响应自动制动阀指令，且均衡风缸压力由凸轮行程决定；DK-1型电空制动机虽然是通过电信号控制电空阀实现均衡缸压力控制，但均衡风缸充风的最高压力是由调压阀（55）确定的，制动时的减压量是通过制动电空阀（257YV）和初制风缸（58）联合实现的，减压量通过电空制动控制器（大闸）手柄在制动位停留时间确定，其减压的准确性、减压量精度控制都不是很理想，且不能自动保压。CCBⅡ制动系统中的均衡风缸控制模块通过电子信号能够准确控制均衡风缸压力，而且能够自动保压。均衡风缸控制模块的外形（正面及背面）如图4-9所示。

图4-9　均衡风缸控制模块的外形

若均衡风缸控制模块发生故障，将会自动由16CP控制模块来代替其功能，DK-1型电空制动机和JZ-7型空气制动机均不具有此功能。

补机和失电时均衡风缸压力为0。

无动力回送装置也集成在均衡风缸控制模块内部；投入位将制动管与第二总风缸连通，并限制列车管给总风缸充风250 kPa。

均衡风缸控制模块的结构主要由外壳、管座、均衡风缸、缓解电磁阀、制动电磁阀、总风压力传感器、均衡风缸压力传感器、总风均衡风缸压力测试点、过滤器等组成，无动力回送装置由无动力塞门、压力调整阀、充风节流孔、单向止回阀等部分组成，如图4-10所示。

ERCP的安装座设有列车管（BP）、总风管（MR）、制动控制管[BP CONTROL（类似JZ-7中的中均管）]、均衡风缸备份管。均衡风缸直接连接在管座上。图4-11是均衡风缸及管路连接图。

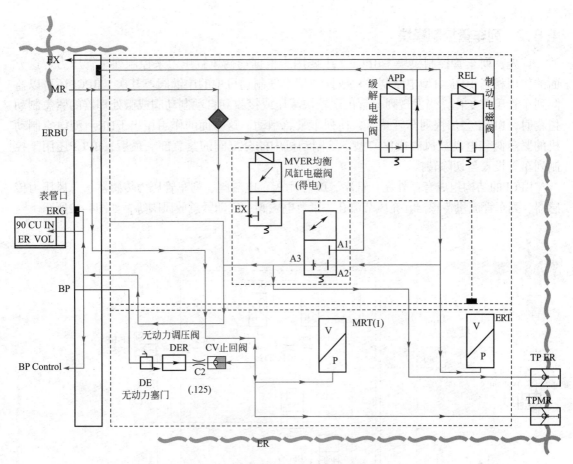

图4-10　均衡风缸控制模块的结构

图4-11　均衡风缸及管路连接图

4.6.2 列车管控制模块

首先，列车管控制模块（BPCP）主要用于根据均衡风缸压力来控制列车管压力。这方面的作用相当于DK-1型电空制动机或JZ-7型空气制动机中的中继阀。其次，BPCP还可以监测列车管压力变化，当发现列车管出现较快减压或接收到自动制动阀或微处理器的紧急制动指令时，BPCP会加快列车管减压，使列车紧急制动。这方面的作用相当于DK-1型电空制动机的紧急阀和电动放风阀或JZ-7型空气制动机中的分配阀的紧急部。最后，BPCP还用于控制列车管投入与切除转换。

BPCP的结构组成有：外壳、管座、BP作用阀、电磁阀、列车管压力传感器、总风压力传感器、列车管流量传感器、充风节流孔、紧急电磁阀、气动紧急放风阀等，如图4-12所示。

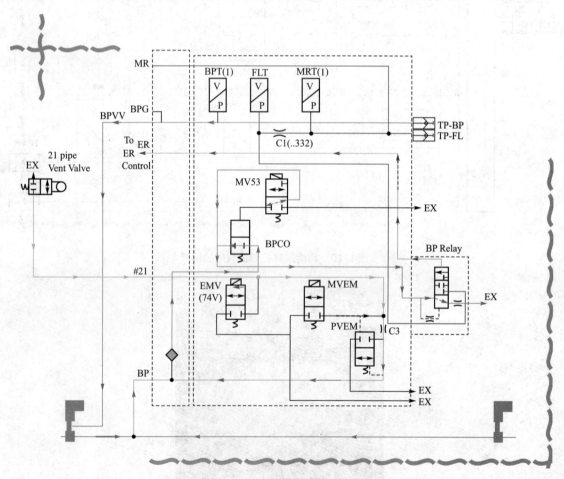

图4-12 列车管控制模块的结构

BP作用阀用于接收ER控制、产生列车管压力，是BPCP的核心部件，属于机械阀。MV53电磁阀与BPCO机械阀共同作用，控制列车管投入或切除、补风或非补风、一次缓解或阶段缓解转换，同时用于控制列车管保压。紧急制动、单机（列车管切除）、补机状态，MV53得电，BPCO关闭风路。列车管压力低于90 kPa（HX$_D$1C：69 kPa）时，BPCO将自动关闭通路。EMV紧急电磁阀（24 V）与MVEM紧急电磁阀分别接收IPM和EBV紧急制动指令，产生紧急制动作用；PVEM紧急放风阀动作，可以使列车管内气体快速流出，以保证紧急制动的产生。

单机（列车管切除）和补机状态，列车管压力不受均衡风缸控制，但可通过自动制动阀紧急制动。单机时若制动系统失电，列车管会自动转到投入状态，列车管压力按常用控制速度减压，小于69 kPa时，BPCP自动切除列车管通路。补机制动系统失电时，列车管仍保持切除状态。

4.6.3 控制制动缸中继阀模块

控制制动缸中继阀模块（16CP）主要用于本机状态响应列车管减压量控制16#管压力，产生制动缸控制压力。此作用相当于DK-1型电空制动机的分配阀主阀部；控制紧急制动制动缸最高压力（450 kPa），备用模式下控制均衡风缸压力（冗余ERCP）。

16CP主要由管座、缓解电磁阀、制动电磁阀、三通阀、变向阀、紧急压力阀、紧急限压阀、制动缸压力传感器、列车管压力传感器、作用风缸等组成，如图4-13所示。

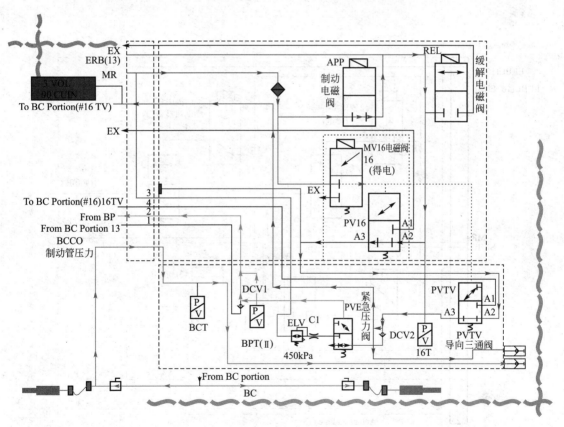

图4-13 16CP的结构

紧急压力阀（PVE）：当BP压力低于140 kPa时，PVE动作，连通ELV和DCV2，使总风向作用风缸充风；ELV限制充风最高压力不超过450 kPa。

本机状态自动制动阀手柄在制动区时，16#管增加的压力同列车管减压量的比率是2.5∶1，且最大为450 kPa。补机状态除列车管压力下降到140 kPa以下外不再根据列车管的减压而产生制动缸的控制压力，补机状态制动缸压力由平均管压力来控制。一旦列车管压力小于

140 kPa，16CP将增加制动缸压力到440 kPa（最小420 kPa）。只有当列车管压力充风到高于140 kPa时，补机单元中制动缸压力才可随列车管压力升高而缓解。

当接收到单独缓解指令或列车管压力增加14 kPa时，制动缸压力开始缓解。电源故障时，16CP对制动缸的控制压力自动释放，然后通过DBTV（本务）或20CP对制动缸中继阀及制动缸压力进行控制。若均衡风缸控制模块故障，16CP与制动缸隔离并代替ERCP控制均衡风缸压力，而制动缸的控制压力则由DBTV控制。在20CP故障时，16CP可根据单独制动阀手柄的位置产生制动缸控制压力。此模式下本务机车将不产生相应的平均管压力。

4.6.4 机车单独缓解模块

本机状态，侧压单独制动阀手柄排空16TV作用管压力，同时控制16CP，排空作用风缸和16#管的压力；单独缓解自动制动阀产生的机车制动缸压力，13#管充风则制动缸缓解，排风恢复正常，可继续施加制动。该模块的结构如图4-14所示。

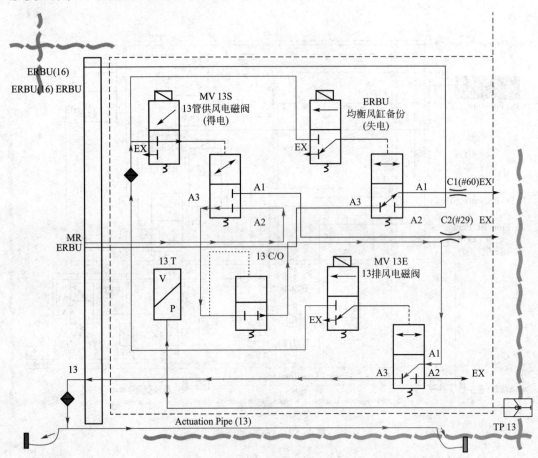

图4-14 机车单独缓解模块的结构

侧压手柄会缓解自动制动阀所施加的制动缸压力，但会保持单独制动阀产生的压力。紧急制动复位后可自动恢复制动缸压力，常用制动压力不能恢复。

自动制动阀紧急制动后，单独制动阀侧压快速缓解，制动缸压力缓解根据单独制动阀手柄位置而确定。当单独制动阀手柄在运转位侧缓，制动缸压力可缓解到0 kPa，松开单独制动阀手柄侧缓，制动缸压力又会上升至紧急制动压力。原因分析：模块内紧急限压回路中紧急制动阀（PVE）同时受 BP 和 13# 管压力控制，当紧急位时 BP 压力为 0，侧缓 13# 管建立压力，PVE 断开，16# 管压力通过 BO 及 DBTV 排大气，制动缸缓解。一旦松开单独制动阀侧缓手柄，此时 BP 压力为 0，13# 管也排气，压力降为 0。PVE 接通紧急限压回路，总风通过 ELV、C1 和 PVE 向 16# 管充风（470～480 kPa），制动缸压力上升至紧急制动压力。

4.6.5　产生平均管压力模块

产生平均管压力模块（20CP）主要用于控制单机及响应列车管压力和单缓、单独制动指令（0～300 kPa）产生本务机车和补机平均管压力。平均管压力取常用制动和单独制动指令中较高者；失电时保持平均管压力；20CP 只有在本务机车上有效，补机上不起作用，补机响应平均管压力；20CP 响应动力制动指令，当有动力制动时，缓解平均管压力；20CP 故障时，16CP 根据本务机车单独制动指令产生制动缸压力，但不产生平均管压力，平均管压力由 BCCP 控制；20CP 外接作用风缸。该模块的结构如图 4–15 所示。

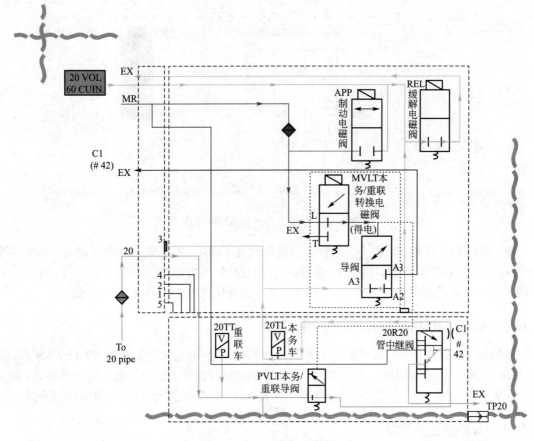

图4–15　产生平均管压力模块的结构

4.6.6　制动缸中继阀模块

制动缸中继阀模块（BCCP）从 16CP 或平均管接收到制动缸控制压力，产生机车制动缸压力。失电时可以直接将制动缸通过PVPL与平均管连接，产生补机制动缸控制压力，避免20CP不能工作时，本务机车不能产生平均管压力而导致补机没有制动缸控制压力。空电互锁电磁阀位于BCCP模块的16#管路中，设置于模块外部，用于控制自动制动阀产生空气制动与机车电制动的互锁关系。该模块的结构如图4-16所示。

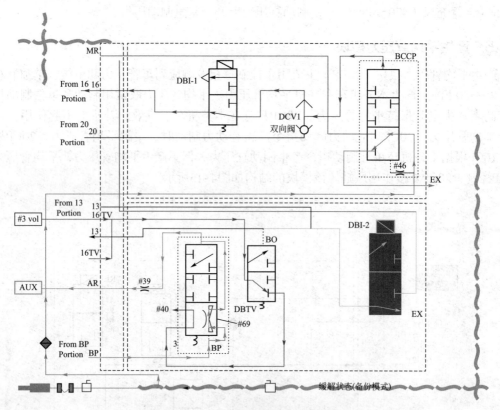

图4-16 制动缸中继阀模块的结构

BCCP在BCCP阀和16#管（作用管）回路中设置了DBI-1电磁阀，当电制动时，DBI-1得电，如果此时自动制动阀减压制动，BP减压，但16#管压力通过DBI-1排大气，故制动缸不上闸，但机车单独制动阀产生的20#管压力可使机车制动缸上闸（空电互锁功能）。

4.6.7 备用模式中控制16号管压力模块

备用模式中控制16号管压力模块（DBTV）为机械三通阀，16CP故障时，DBTV为16CP提供空气备份功能，以控制制动缸中继阀，产生机车制动缸控制压力。列车管缓解充风时，DBTV使列车管向EPCU上的辅助风缸充风；当列车管减压时，辅助风缸通过DBTV向16TV管充风。

4.6.8 电源接线盒模块

电源接线盒模块（PSJB）在EPCU中处于中心位置，所有节点和IPM均与其相连。PSJB内置变压器，将蓄电池提供的110 V直流电转换为24 V直流电后为CCBⅡ制动系统供电，供EPCU、EBV等部件使用。同时，将蓄电池提供的110 V直流电转换为66 V直流电后为IPM供电。PSJB设有前端插头，使EPCU、EBV、IPM、RIM相互连接。

4.6.9　CCBⅡ制动系统气路控制关系

图4-17是CCBⅡ制动系统气路控制关系图。

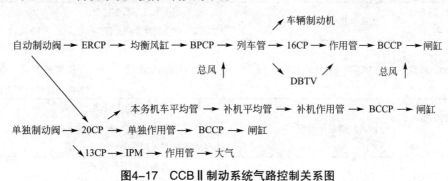

图4-17　CCBⅡ制动系统气路控制关系图

任务4.7　CCBⅡ制动系统的主要故障及故障代码

表4-1是CCBⅡ制动系统的主要故障及故障代码。

表4-1　CCBⅡ制动系统的主要故障及故障代码

故障代码	描述	故障原因	改正措施	仍不好，可尝试
001	ERCN故障	ERCN脉冲损失4 s	可在备份模式应用	检查ERCP上的黄灯，如稳定或闪烁，重装程序；若红灯亮，则更换ERCP
002	ERCP故障	ER不在范围内	可在备份模式应用直到进入车间。自检，若通过，断电清除备份模式；失败，更换ERCP	检查制动柜后软管
003	ERT故障	传感器输出电压大于4.5 V或小于0.5 V	可在备份模式应用直到进入车间。断电恢复	更换ERCP
004	MRT故障	传感器输出电压大于4.5 V或小于0.5 V或IPM探测传感器信号被停止发送15 s	可在备份模式应用直到进入车间。断电恢复	更换ERCP
008	MRT故障	传感器输出电压大于4.5 V或小于0.5 V或IPM探测传感器信号被停止发送15 s	可在备份模式应用直到进入车间。断电恢复	更换BPCP
009	FLT故障	传感器输出电压大于4.5 V或小于0.5 V	可在备份模式应用直到进入车间。断电恢复	更换BPCP
010	BPT故障	传感器输出电压大于4.5 V或小于0.5 V或IPM探测传感器信号被停止发送15 s	可在备份模式应用直到进入车间。断电恢复	更换BPCP

续表

故障代码	描述	故障原因	改正措施	仍不好，可尝试
014	MV53失电打开	连续性损失	设置制动系统为断电状态，并以气动备份作为拖车使用	
016	BPCN故障	BPCN损失脉冲信号4 s	AB系统断电恢复	检查BPCP上的黄灯，如稳定或闪烁，重装程序；若红灯亮，则更换BPCP
017	MVEM得电，打开	输出反馈显示得电	如果系统持续紧急制动，设置系统断电，以气动备份状态作拖车使用	更换BPCP
018	MVEM失电，关闭	输出反馈表示失电	产生紧急制动的备份模式失效，机车可操作。更换BPCP	
031	13CN故障（通信丢失）	13CN丢失脉冲信号10 s	按拖车使用，直到进入车间。单缓模式失效	检查模块上黄灯，如稳定或闪烁，重装程序；若红灯亮，则更换13CP
03 7	16CP故障	传感器输出电压大于4.5 V或小于0.5 V或IPM探测传感器信号被停止发送15 s	更换20CP	
055	20CP故障	10 s内压力不在规定值范围内	自检，若通过，断电恢复，清除备份模式；不通过，更换20CP	
056	20T故障	传感器输出电压大于4.5 V或小于0.5 V	更换20CP	
062	20CN故障	20CN丢失脉冲信号4 s	保证LON电缆安装牢固	检查20CP上的黄灯，如稳定或闪烁，重装程序；若红灯亮，则更换20CP
075	自动制动阀手柄失效	电位计输出电压小于最小值	设置为补机，更换EBV	
076	单独制动阀手柄失效	电位计输出电压小于最小值	设置为补机，更换EBV	
077	限位开关打开	自动制动阀手柄或单独制动阀手柄故障	将手柄移开故障位，再将手柄移回	
085	EBVCN故障	EBVCN丢失脉冲信号6 s	保证LON电缆安装牢固，且安装在EBV连接器与PSJB上	检查EBV控制节点上的黄灯，若稳定或闪烁，重装程序；若红灯亮，则更换EBV
090	IPMCN故障	LON网信息丢失达1.5 s	断电恢复	从IPM、RIM到PSJB检查电缆。若良好，更换IPM

任务4.8　空气制动与电制动控制关系

（1）HX$_D$3型电力机车空气制动与电制动的控制原则

① 优先使用电制动（再生制动），如果再生制动工况下进行常用制动操作，机车制动缸压力将自动缓解，机车实施再生制动，车辆实施空气制动；如果在常用制动工况下进行再生制动，机车制动缸压力将缓解为0，车辆保持原空气制动力。

② 紧急制动过程中，机车和车辆实施最大的空气制动力。

（2）HX$_D$1C型电力机车空气制动与电制动的控制关系

HX$_D$1C型机车电制动力同样被优先用于机车制动。但特点不同于HX$_D$3型机车。

① HX$_D$1C型电力机车使用自动制动阀时，可自动激活电制动。电制动力根据列车管的减压量进行设定。当电制动被激活时，制动缸压力将自动缓解。

② 本务机车的电制动力请求将发送到重联机车。

③ 为了避免机车制动力过大，如果机车CCU系统检测到制动缸压力超过90 kPa，电制动力将立即被切除直到制动缸压力低于90 kPa。

④ 电制动要求若同时来自自动制动和电制动，较高一级的要求将被执行。

⑤ 若电制动系统故障（经自动制动阀产生的电制动要求），电制动将切除，自动制动互锁无效，根据自动制动阀手柄位置投入空气制动。

任务4.9　停放制动

停放制动控制模块主要用于接收停放制动指令，实现停放制动缸充气与排气。停放制动控制模块主要由停放制动调压阀、停放制动双脉冲电磁阀、截止塞门、单向止回阀、双向阀、停放风缸等组成。停放制动为弹簧蓄能制动，当双脉冲电磁阀中停放施加电空阀得电时，停放制动缸的压缩空气通过双脉冲电磁阀排向大气，停放制动施加；当双脉冲电磁阀中停放缓解电空阀得电时，总风通过调压阀、双脉冲电磁阀向停放制动缸充风，停放制动缓解。停放制动施加时可以机械缓解，用手拉开人工缓解拉杆直到不再有停放制动施加。

当弹簧停放制动缸的压力低于450 kPa时，操作台上指示灯开始闪烁，封锁机车牵引，当压力低于80 kPa时，指示灯常亮，停放制动装置完全作用。断开机车总闸开关，停放制动可自动施加。

停放制动控制模块可以手动切除，当机车处于停放缓解状态时，手动关闭停放制动模块上的截止塞门，停放制动缸空气经截止塞门排向大气，停放制动施加。机车微机显示屏显示停放制动切除的提示信息，同时加载牵引功率无效。

任务4.10 无火回送操作方法

无头回送操作方法如下。

① 切断CCBⅡ制动机电源。

② 关闭制动柜弹簧制动截止塞门B40.06。

③ 手拉缓解每个停车制动单元，共四个1、3、4、6位。

④ 将制动柜内ERCP上的无火塞门打到投入位。

⑤ 关闭风源柜中塞门A10，打开风源柜中总风缸的排水塞门A12，将风缸压力排至250 kPa左右，然后关闭。

⑥ 打开所有平均管塞门B82、B86。关闭总风联管塞门B80、B87。

⑦ 连接连挂端的制动软管并打开塞门。

⑧ EBV的自动制动手柄推到"重联位"。

⑨ 将无火机车列车管充至定压，观察闸缸压力是否为0。

⑩ 从主控机车缓解并制动无火机车至少3次循环，观察闸缸压力变化是否正常。测试完成后可以连挂走车。

无火回送时，$V_{\max}$=80 km/ h。

模块5
DK-2型电空制动机

随着我国科技的不断进步，电力、内燃机车普遍从直流传动技术向交流传动技术转变，机车制动机技术也从原来的逻辑控制方式向微机、网络控制方式转变。但微机、网络控制方式的机车制动机技术被德国克诺尔、法国法维莱、美国西屋等国外企业垄断，机车制动系统对国外技术的依赖性很强。为了降低机车制造成本、掌握机车核心技术、满足自主创新的要求，2005年铁道部决定立项研发具有自主知识产权的机车制动机新产品，要求株机公司在原DK-1型机车电空制动机的基础上，研制出具备微机模拟控制、网络通信、故障智能诊断等信息化功能的新一代机车电空制动机——DK-2型电空制动机。

任务5.1 DK-2型电空制动机的主要功能及技术参数

5.1.1 主要功能

DK-2型电空制动机采用微机模拟控制技术，能实现列车自动制动与机车单独制动、空气制动与电气制动的混合（空电联合制动）、断钩保护、列车充风流量检测、无动力回送、制动重联、列车速度监控等基本功能，具备单机自检、故障诊断、数据记录与存储等智能化、信息化功能，具备MVB、CAN等网络通信接口，能适应现代机车制动系统信息化及网络控制的发展要求。

5.1.2 主要技术参数

① 制动机在列车管定压500 kPa或600 kPa时均能正常工作。

② 制动机具有制动稳定性。当列车管压力从定压以每分钟小于40 kPa的速度下降时，机车制动缸不起制动作用。

③ 制动机具有常用制动灵敏度。当列车管压力从定压以每秒钟下降10～40 kPa时，在列车管减压35 kPa前机车制动缸产生制动作用。

④ 制动机具有紧急制动灵敏度。当列车管减压速度大于每秒80 kPa时，机车制动机产生紧急制动。

⑤ 制动机在常用全制动后使用运转位充气缓解时，机车制动缸压力从常用全制动最高压力降至40 kPa的时间小于7 s（定压500 kPa）或8.5 s（定压600 kPa）。

⑥ 列车管最小减压量为（50±5）kPa，机车制动缸压力为（100±10）kPa。

⑦ 列车管减压（140±5）kPa（定压500 kPa）或（170±5）kPa（定压600 kPa）时，机车产生常用全制动最大压力。常用全制动最大压力为（360±15）kPa（定压500 kPa）或（420±15）kPa（定压600 kPa）。

⑧ 常用全制动时机车制动缸压力从零升至常用全制动实际最大压力（符合最大压力规定范围）的时间为6～8 s（定压500 kPa）或7～9.5 s（定压600 kPa）。

⑨ 施行列车管减压100 kPa时，机车制动缸压力为240～270 kPa。

⑩ 机车均衡风缸压力从500 kPa降至360 kPa或从600 kPa降至430 kPa的时间为5～7 s或6～8 s。

⑪ 施行紧急制动时，机车列车管压力从定压降至零的时间小于3 s，机车制动缸压力从零升至400 kPa的时间不大于5 s，机车制动缸最高压力限制在440～460 kPa。

⑫ 机车大闸手柄处于运转位，操纵小闸手柄，全制动时机车制动缸最高压力为（300±10）kPa，机车制动缸压力从零升至285 kPa的时间为2～4 s，运转位缓解时，机车制动缸压力从300 kPa降至40 kPa的时间为3～5 s。

盘型制动器的主要技术参数如下。

- 工作压力（紧急制动）：450 kPa；
- 膜板有效面积：323.7 cm^2；
- 夹钳倍率：2.65；
- 蓄能弹簧力：7 500～12 000 N；
- 蓄能缸体直径：190 mm；
- 静态传动效率：大于85%。

任务5.2　DK-2型电空制动机制动系统组成

DK-2型电空制动机制动系统主要由DK-2型机车制动机（包括司机室制动操作部件、制动柜）和基础制动装置两部分组成，其在机车上的布置如图5-1所示。

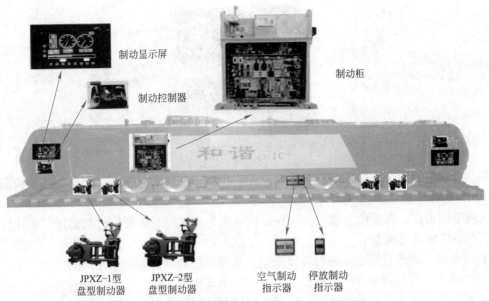

图5-1　DK-2型电空制动机制动系统在机车上的布置

5.2.1　司机室制动操作部件

司机室安装了制动系统的各操作部件，包括制动控制器、制动显示屏、风压表、紧急制动按钮、停放制动/缓解按钮、车长阀，其在司机室的布置如图5-2和图5-3所示。

图5-2　主司机操纵台

图5-3　车长阀

1—制动控制器；2—制动显示屏；3—风压表；
4—停放制动/缓解按钮；5—紧急按钮

1. 制动控制器

制动控制器（见图5-4）是空气制动的主要操作部件，它的主要功能是：发送电信号指令到制动控制单元（BCU）或相应的电器元件上，为机车制动机提供自动制动和单独制动等指令，同时还具备紧急位机械排风功能。

钥匙手柄

单独制动
控制手柄

自动制动
控制手柄

图5-4 制动控制器

制动控制器有两个操作手柄：自动制动控制手柄（简称大闸手柄）和单独制动控制手柄（简称小闸手柄）。

大闸手柄前推，最前位为紧急位，往后拉依次为重联位、抑制位、制动区、运转位。大闸手柄在各位置的功能如下。

①运转位。列车管按定压进行充风控制，是列车制动进行缓解和充风的位置。

②制动区。控制列车管压力降低，列车产生制动作用。

③抑制位。该位置是制动机开机解锁和惩罚制动解锁的工作位置。

④重联位。该位置是机车制动机非操纵端及无火回送、重联时大闸手柄所放位置。

⑤紧急位。此位置设有列车管排风阀，能对机车制动机或列车制动机施行紧急制动，手柄置于该位置时列车管压力以紧急速度放风到0。

小闸手柄前推，最前位为全制动位，往后依次为制动区、运转位、侧压缓解位（将小闸手柄向右侧旁推，自动复位）。小闸手柄在各位置的功能如下。

①侧压缓解位。此位置用来单独缓解机车制动缸压力。

②运转位。此位置为机车正常运行时小闸手柄所放位置，用来缓解小闸产生的机车制动缸压力。

③制动区。在运转位和全制动位之间，机车单独制动压力随着手柄在这个区域的位置变化而变动。

④全制动位。机车最大单独制动，机车制动缸完全充风到（300±10）kPa。

机车运行时，插入钥匙并逆时针转动"开"位，大闸手柄、小闸手柄可在各个位置之间操作，从而控制机车的运行状态，这时钥匙被锁在"开"位；大闸手柄在重联位及小闸手柄在运转位时，钥匙可转到"关"位并可取出。

2. 制动显示屏

制动显示屏（见图5-5）在DK-2型电空制动机制动系统中的主要功能是：实时显示BCU钮子开关的状态信息；以风表和数值的形式显示总风压力值、列车管压力值、均衡风缸压力值、前后制动缸压力值；以流量计的形式动态显示列车管的充风流量值；显示制动机操作的提示信息和故障信息；提供机车号、时间日期、软件版本号的显示及设置；单机自检、事件记录和传感器校准等。

显示屏界面主要由主界面、电空制动设置界面、维护界面、显示信息界面等组成，通过触发主界面和子界面按键可进入各级子界面，各级子界面均设有返回、主界面按键，通过触发返回按键可返回上一级界面，通过触发主界面按键可返回显示屏主界面。各界面的结构关系如图5-6所示。

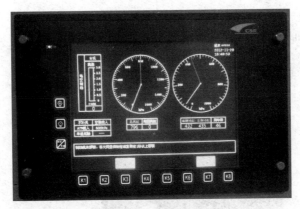

图5-5 制动显示屏

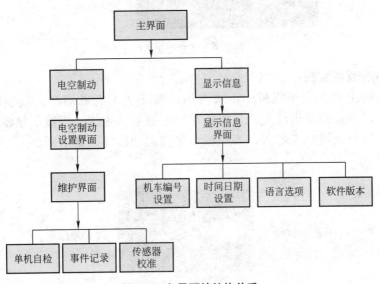

图5-6 各界面的结构关系

3. 风压表

风压表（见图5-7）的主要功能是实时显示总风压力、制动缸压力、列车管压力。

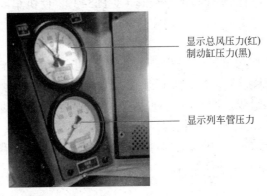

图5-7 风压表

4. 紧急制动按钮

当出现紧急情况时，司机可按下紧急制动按钮（见图5-8），触发列车或机车紧急制动。该按钮需经旋转才能复位。

紧急制动按钮

图5-8　紧急制动按钮

5. 停放制动/缓解按钮

停放制动的主要作用是当机车不被占用时防止机车意外溜车。当按下停放制动按钮（红色）时，该按钮发出红光，表明机车停放制动已施加；当按下停放缓解按钮（绿色）时，停放制动按钮红光熄灭，表明机车停放制动已经缓解。图5-9是停放制动/缓解按钮。

停放制动按钮　　　　　　　　　　　　　　停放缓解按钮

图5-9　停放制动/缓解按钮

6. 车长阀

当出现紧急情况时，司机快速拉下车长阀（见图5-3），使机车或列车紧急制动。

5.2.2　制动柜

制动柜是制动系统的重要部分，它主要由骨架、主压缩机启停控制模块、停放制动控制模块、列车/均衡控制模块、制动缸控制模块、升弓控制模块、撒砂控制模块、制动控制单元（BCU）、后备制动等组成。制动系统通过它来实现列车管、制动缸、停放制动的压力控制，同时还能为主压缩机的自动启停控制、撒砂控制提供辅助帮助，为受电弓、主断提供压缩空气等。制动柜的外形如图5-10和图5-11所示。另外，制动柜上有两个排水球阀，其外形如图5-12所示，其功能如表5-1所示。

1—骨架；
2—主压缩机启停控制模块；
3—停放制动控制模块；
4—列车/均衡控制模块；
5—制动缸控制模块；
6—升弓控制模块；
7—撒砂控制模块；
8—制动控制单元（BCU）

图5-10　制动柜正面

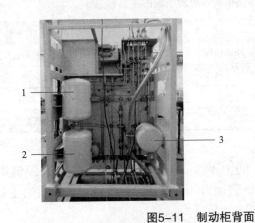

1—停放制动风缸；
2—升弓风缸；
3—工作风缸

图5-11　制动柜背面

图5-12　排水球阀

表5-1　制动柜排水球阀的功能

代号	部件	功能
168	停放制动风缸排水球阀	用于停放制动风缸的排风和排去凝结水。将手柄旋转90°：打开
169	升弓风缸排水球阀	用于升弓风缸的排风和排去凝结水。将手柄旋转90°：打开

1. 骨架

骨架的功能是支撑和固定制动柜上的各部件和模块。

2. 主压缩机启停控制模块

主压缩机启停控制模块（见图5-13）的主要功能是根据总风压力变化，输出主压缩机的启停控制信号。该模块的主要零部件如表5-2所示。

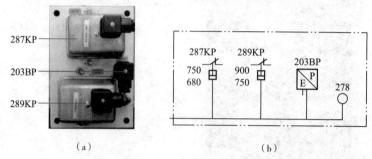

（a）　　　　　　　　　　　　（b）

图5-13　主压缩机启停控制模块及其原理图

表5-2　主压缩机启停控制模块的主要零部件

代 号	部 件	功 能
287KP	主压缩机压力控制器（整定值为680 kPa）	当总风压力低于680 kPa时，使两台压缩机同时工作
289KP	主压缩机压力控制器（整定值为750 kPa）	当总风压力低于750 kPa时，使一台压缩机工作
203BP	总风压力传感器	采集总风压力值
278TP	总风联管压力检测口	用于检测总风联管压力

3. 停放制动控制模块

停放制动控制模块（见图5-14）的主要功能是接收停放制动施加与缓解指令，实现停放制动缸排气与充气，同时可防止停放制动力和闸缸制动力叠加。该模块的主要零部件如表5-3所示。

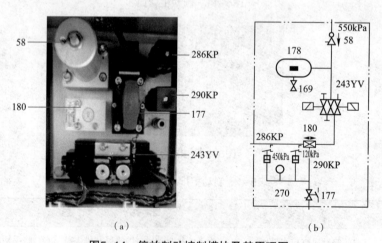

（a）　　　　　　　　　　　　（b）

图5-14　停放制动控制模块及其原理图

停放制动由停放制动调压阀、双脉冲电磁阀、停放制动压力开关、双向阀、停放制动塞门、压力测试接口等部件组成。根据停放制动缸所需的缓解压力，停放制动调压阀整定值为550 kPa，停放制动压力开关整定值为480 kPa。

表5-3　停放制动控制模块的主要零部件

代号	部　件	功　能
58	停放制动调压阀	调节进入停放制动模块的总风压力，整定值为550 kPa
178	停放制动风缸	存储用于停放制动的风压
243YV	停放制动双脉冲电磁阀	控制停放缸的充风和排风，按压右侧按钮（红色）施加停放制动，按压左侧按钮（绿色）缓解停放制动
180	双向阀	输出闸缸压力和停放制动压力中较大者至停放缸，防止停放制动力和闸缸制动力叠加
286KP	停放制动压力开关	停放制动管压力达到480 kPa后，开关闭合，传输停放完全缓解信号给CCU
290KP	停放制动压力开关	停放制动管压力降到120 kPa以下，开关闭合，传输停放完全施加信号给CCU
177	停放制动塞门	控制停放制动管的通断，当塞门处于关闭位时会将停放缸压缩空气排向大气
270TP	停放制动管压力检测口	用于检测停放制动管压力

当双脉冲电磁阀中停放施加电空阀得电时，停放制动缸的压缩空气通过双脉冲电磁阀排向大气，停放制动作用施加；当双脉电磁冲阀中停放缓解电空阀得电时，总风通过调压阀、双脉冲电磁阀向停放制动缸充风，停放制动作用缓解。

双向阀的功能是取制动缸压力与停放制动缸压力两者的较大值，防止停放制动力与闸缸制动力同时施加，避免制动力过大。

4. 列车/均衡控制模块

列车/均衡控制模块（见图5-15）的主要功能是控制均衡风缸和列车管的压力。列车/均衡控制模块由中继阀、紧急阀、遮断阀、流量计、转换阀、调压阀、电空阀、传感器、塞门及气路板等部件组成（见图5-16）。该模块中还包含两个小模块，即列车管压力控制模块和均衡风缸压力控制模块。

（1）列车管压力控制模块

列车管压力控制模块的主要功能是控制列车管的初充风和再充风、常用制动排风和紧急制动排风、列车管前后遮断。列车管压力控制模块的主要零部件如表5-4所示。

列车管的充气与排气由中继阀根据均衡风缸压力控制，中继阀能保证列车管压力在均衡风缸压力±10 kPa范围内。流量计用于检测列车管充风流量。总风遮断阀受中立电空阀控制，用来切断常用制动与紧急制动工况下的列车管补风通路。列车管遮断阀受遮断电空阀控制，用于制动机重联工况下切断中继阀与列车管的通路。

一旦紧急电信号产生，紧急制动电空阀得电，驱动电动放风阀直接将列车管压力排向大气，列车管压力迅速降为0。

当紧急阀检测到列车管快速减压信号时，立刻通过电联锁向制动控制单元发出断钩信号，同时自动打开列车管排风阀，加快列车管排风并锁定紧急制动信号约15 s。

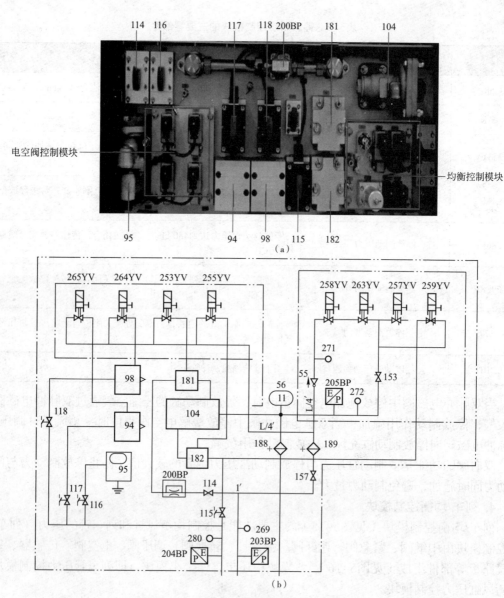

图5-15 列车/均衡控制模块及其原理图

（a）中继阀

（b）紧急阀

（c）遮断阀

图5-16 列车/均衡控制模块部分阀体

表5-4　列车管压力控制模块的主要零部件

代号	部　件	功　能
200BP	列车管充风流量计	监测列车管充风流量值
204BP	列车管压力传感器	采集列车管压力
116	紧急阀列车管塞门	控制进入紧急阀列车管的通断
95	紧急阀	在紧急制动时加快列车管的排风,提高紧急制动灵敏度和紧急制动波速,同时接通列车分离保护电路,使列车紧急制动作用更加可靠
253YV	中立电空阀	得电时切断列车管补风
265YV	紧急电空阀	紧急制动时控制放风阀94的排风
264YV	紧急电空阀	紧急制动时控制放风阀98的排风
255YV	遮断电空阀	控制列车管后遮断
94	电动放风阀	紧急制动时,开通列车管与大气通路,使列车管压力急剧下降,全列车产生紧急制动作用
98	电动放风阀	紧急制动时,开通列车管与大气通路,使列车管压力急剧下降,全列车产生紧急制动作用
117	放风阀94列车管塞门	控制放风阀94列车管的通断
118	放风阀98列车管塞门	控制放风阀98列车管的通断
181	总风遮断阀	是控制总风向列车管充风的一道关口,一般情况下,该阀的动作与均衡风缸的减压动作同步,即均衡风缸减压,该阀关闭遮断阀口,以确保一次缓解型制动系统的制动作用可靠
104	中继阀	中继阀依据均衡风缸的压力变化来控制列车管的压力变化,从而完成列车的制动、保压和缓解
182	列车管遮断阀	用于制动系统重联工况下切断中继阀与列车管的通路
114	中继阀总风塞门	控制进入中继阀总风管的通断
115	中继阀列车管塞门	控制进入中继阀列车管的通断
157	电空制动总风塞门	控制进入均衡控制模块总风管的通断
189	滤尘器	清洁进入均衡控制模块总风管的压缩空气
56	均衡风缸	存储均衡压力空气
188	滤尘器	清洁进入均衡风缸的均衡管压缩空气
269TP	总风压力检测口	用于检测总风压力值
280TP	列车管压力检测口	用于检测列车管压力值

（2）均衡风缸压力控制模块

均衡风缸压力控制模块（见图5-17）的主要功能是对均衡风缸压力进行闭环控制，制动系统失电时使均衡风缸排风。均衡风缸压力控制模块的主要零部件如表5-5所示。

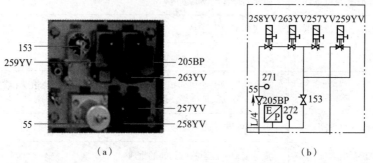

图5-17　均衡风缸压力控制模块及其原理图

制动控制单元采用高速电空阀、压力传感器及PWM脉宽调制方式，实现对压力精确控制的EP闭环模拟控制模式，均衡风缸升压、减压速度都符合TB/T 2056的相关规定。

在EP闭环模拟控制模式下，控制单元接收大闸发出的均衡风缸目标值命令，比较目标值与压力传感器反馈的均衡风缸实时压力值，通过对进、排气高速电空阀的PWM控制，达到精确控制均衡风缸压力的目的。

保护电空阀可以确保系统故障或失电时均衡风缸能自动减压排风。

表5-5　均衡风缸压力控制模块的主要零部件

代号	部件	功能
257YV	制动高速电空阀	控制均衡风缸的排风
258YV	缓解高速电空阀	控制均衡风缸的充风
263YV	保护电空阀	制动系统失电时排均衡风缸的风
259YV	重联电空阀	得电时沟通列车管和均衡管，使中继阀失去控制列车管压力的能力
55	均衡风缸调压阀	调节进入均衡控制模块的总风的压力值（整定值为650 kPa）
271TP	均衡控制模块总风压力检测口	用于检测经调压阀55调压后的总风压力值
153	电空转换阀	实现电空位和空气位的转换（由于该车型无后备制动，所以应将电空转换阀置于正常位）
272TP	均衡风缸压力测口	用于检测均衡风缸压力值
205BP	均衡风缸压力传感器	采集均衡风缸压力值

5. 制动缸控制模块

制动缸控制模块（见图5-18）的主要功能是根据系统指令输出制动缸压力，实现预控风缸闭环控制、电子分配阀和空气分配阀切换、机车单缓等。此外，该模块还包含一个小模块，即闸缸预控模块。制动缸控制模块的主要零部件如表5-6所示，主要阀类的外形如图5-19所示。

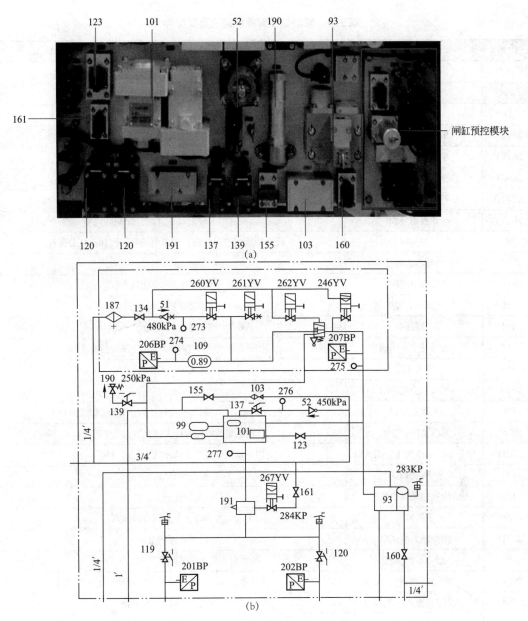

图5-18　制动缸控制模块及其原理图

（a）分配阀　　　　　　　　　　　　　（b）重联阀

图5-19　制动缸控制模块的主要阀类

表5-6 制动缸控制模块的主要零部件

代号	部件	功能
187	滤尘器	清洁进入闸缸预控模块的压风管的压缩空气
134	单制总风塞门	控制进入闸缸预控模块的总风管通断
51	单制调压阀	调节进入闸缸预控模块的总风压力，整定值为480 kPa
260YV	单制高速电空阀	控制预控风缸的充风
261YV	单缓高速电空阀	控制预控风缸的排风
206BP	预控风缸压力传感器	采集预控风缸压力值
274TP	预控风缸压力测试口	用于检测预控风缸压力
262YV	切换电空阀	控制电子分配阀和空气分配阀的切换
192	切换阀	接受切换电空阀控制，切换电子分配阀和空气分配阀
275TP	作用管压力测试口	用于检测作用管压力值
246YV	强缓电空阀	紧急制动后单缓机车
207BP	作用管压力传感器	采集作用管压力值
101	分配阀	输出闸缸压力
103	无火滤尘止回阀	无火回送时过滤列车管到总风管的风，并有止回作用
155	无火塞门	无火回送时需开通
139	无火安全阀塞门	无火回送时需开通
190	无火安全阀	控制无火回送时制动缸最高压力，整定值为250 kPa
52	紧急增压调压阀	紧急制动时控制最大闸缸压力为450 kPa
276TP	紧急增压调压阀压力测试口	用于检测紧急增压调压阀调压后总风压力值
137	紧急增压塞门	控制紧急增压通路
123	分配阀总风供给塞门	控制分配阀总风通路
99	工作风缸	为向容积室充风存储风压
277TP	闸缸压力测试口	用于检测闸缸压力
191	制动缸切换阀	闸缸切换命令产生时使原闸缸压力排大气
267YV	制动缸切换电空阀	得电时使总风进入切换阀，控制制动缸切换阀动作
161	制动缸切换阀总风塞门	控制切换阀总风通路
285KP	制动缸压力开关	制动缸压力达90 kPa时传输信号到CCU切除电制动
284KP	制动缸压力开关	制动缸压力达40 kPa时传输信号到CCU切除牵引
119	制动缸Ⅰ塞门	控制制动缸Ⅰ的通路，关闭此塞门，Ⅰ路制动缸压力空气排大气
120	制动缸Ⅱ塞门	控制制动缸Ⅱ的通路，关闭此塞门，Ⅱ路制动缸压力空气排大气
201BP	制动缸Ⅰ压力传感器	采集制动缸Ⅰ压力值
202BP	制动缸Ⅱ压力传感器	采集制动缸Ⅱ压力值
93	重联阀	保证重联机车的制动和缓解作用与本务机车协调一致
283KP	重联阀压力开关	判断重联阀的工作状态，给BCU信号
160	重联阀总风联管塞门	控制进入重联阀的总风通路

电子分配阀包括分配阀均衡部、切换电空阀、制动缸预控压力的EP闭环模拟控制部件（高速电空阀、压力传感器）。电子分配阀中的制动缸预控压力的EP闭环模拟控制方式与均衡风缸EP闭环模拟控制方式相同，制动控制单元接收大闸、小闸发出的指令，再根据列车管减压量计算出制动缸预控压力的目标值，比较目标值与制动缸预控压力传感器反馈的制动缸预控压力实时值，通过对进、排气高速电空阀的PWM控制，达到精确控制制动缸预控压力的目的。分配阀均衡部根据制动缸预控压力变化，实现对制动缸的充气与排气。

空气分配阀为109型分配阀，当切换电空阀失电时，制动缸预控切换至空气分配阀的通路，由空气分配阀控制机车制动缸的充气与排气，空气分配阀根据列车管压力变化产生相应的制动缓解作用，为电子分配阀常用制动时的热备冗余。

为确保紧急制动的可靠，机车紧急制动时，优先采用空气分配阀来控制制动缸压力。当发生紧急制动时，109分配阀增压阀打开，实现对容积室的快速充气，控制制动缸压力快速上升至最高压力450 kPa。为解决109分配阀紧急制动安全阀惯性故障，DK-2型电空制动机对紧急制动限压从原理上进行了设计改进：正常情况下，关闭塞门139隔离安全阀，利用调压阀52来限制紧急制动时制动缸最高压力；只有在机车无火回送的情况下，才打开塞门139，安全阀投入使用，用来限制无火回送机车制动缸压力不超过250 kPa。

DK-2型电空制动机通过重联阀、平均管、列车管实现本机与补机制动与缓解的同步。当重联阀置于本机位时，机车制动缸与平均管沟通，平均管压力随着制动缸压力变化而变化。当重联阀置于补机位时，机车平均管与作用管沟通，作用管压力随着平均管压力变化而变化，从而实现本机通过平均管控制补机制动缸压力的功能。

此外，重联阀压力开关283KP可检测重联阀转换手柄是处于本机位还是补机位，并将检测到的压力信号传送给制动控制单元，制动控制单元将根据该信息实施不同的控制作用，并通过制动显示屏将重联阀位置信息反馈给司乘人员。

6. 升弓控制模块

升弓控制模块（见图5-20）的主要功能是为受电弓和主断路器提供风源，实现升弓风源不同工况的转换。该模块的主要零部件如表5-7所示。

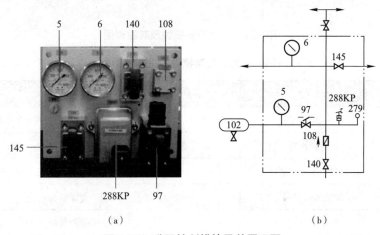

（a）　　　　　　　　　　　（b）

图5-20　升弓控制模块及其原理图

表5-7　升弓控制模块的主要零部件

代号	部　件	功　能
140	升弓模块总风控制塞门	控制升弓模块总风路通断
108	控制管路总风止回阀	防止控制管路总风逆流
97	升弓风缸塞门	控制升弓风缸总风路通断
288KP	辅助压缩机压力控制器	控制辅助压缩机的启停
279TP	升弓风缸压力测试口	用于检测升弓风缸压力
145	主断总风塞门	控制主断供风通路的通断
5	升弓风缸压力表	显示升弓风缸的实时压力
6	辅助压缩机压力表	显示辅助压缩机出风口实时压力
102	升弓风缸	储存升弓压缩空气

7. 撒砂控制模块

撒砂控制模块（见图5-21）的主要功能是接收撒砂控制指令，控制撒砂器撒砂作用。该模块的主要零部件如表5-8所示。

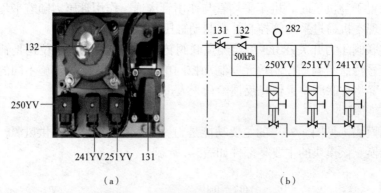

（a）　　　　　　　　　　　　（b）

图5-21　撒砂控制模块及其原理图

表5-8　撒砂控制模块的主要零部件

代号	部　件	功　能
131	撒砂总风塞门	控制进入撒砂控制模块的总风管的通断
132	撒砂调压阀	调整进入撒砂控制模块的总风压力大小，整定值为500 kPa
282TP	停放总风压力检测口	用于检测经调压阀132后的总风压力值
241YV	常供风电空阀	用于干燥砂箱
250YV	撒砂电空阀	用于牵引向前撒砂
251YV	撒砂电空阀	用于牵引向后撒砂

8. 制动控制单元

机车配备有一个制动控制单元（见图5-22），它是制动机核心控制部件，用来实时、快速地处理制动机模拟量、网络通信数据及制动机信息化数据，实现机车制动机控制、状态监控及故障诊断、显示、报警、数据存储、网络通信等功能。为了和CCU交换制动系统的信号，制动控制单元与CCU的接口通过MVB连接，部分制动信号由CCU进行控制（如停放制动等）。

图5-22 制动控制单元

制动控制单元采用欧式4U标准结构框架，由7块4U标准插件组成：1块PWM板、1块输入板、2块输出板、1块控制板、1块模拟板、1块电源板。插件通过带防脱的紧固件与机箱固定，母线板安装在机箱后部，母线板也与制动控制单元后面的专用连接器相连，这些连接器用来实现与外部电路通信。

PWM板主要提供24 V的PWM调制信号，用于驱动高速电磁阀。每块PWM板共设置4路PWM输出信号，每路信号都设置了对应的信号输出指示灯。

输入板用于制动控制单元开关量信号的采集，每路开关量信号都经过电阻网络降压、稳压管限幅、电容滤波、光电隔离后再经过施密特触发器输入给控制板。输入板电路可靠性很高，抗干扰能力强，能适应机车上的恶劣工作环境。每块输入板设计为32路，每路都有指示灯指示该点的工作状态。

输出板用于制动控制单元开关量信号的输出，每路开关量信号都经过光电隔离耦合器、滤波电路单元、过流保护电路单元后送至制动机的电空阀。每块输出板设计为8路，每路都有指示灯指示该点的工作状态。

模拟板主要用来采集传感器送来的4～20 mA的电流信号，信号经过整形转换限幅、滤波等处理后送到A/D芯片进行模/数转换。模拟板的硬件电路采用16位精度的采样芯片，包含14路4～20 mA电流信号输入通道和2路0～10 V电压信号输入通道。

电源板用于提供制动控制单元工作的DC 5 V内部工作电源和DC 24 V外供电源（用于驱动传感器、高速电控开关阀等），具有过热保护、过流保护、过压保护、欠压保护等功能。制动控制单元输入电压为DC 110 V。电源板上有6个钮子开关，如图5-23所示。

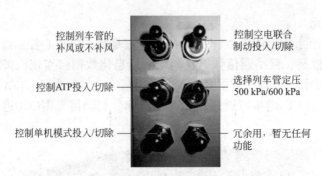

图5-23 制动控制单元上的钮子开关

制动显示屏上对应的钮子开关信息栏显示如图5-24所示。

图5-24 制动显示屏上钮子开关信息栏

注意：① 钮子开关的状态改变会引起机车惩罚制动（常用制动列车管最大减压量）。

② 转换定压前，让列车管减压到260 kPa以下再转换钮子开关。

9. 后备制动

"空气位"通过操作司机台面上的后备制动阀来实现。后备制动阀有三个作用位置：制动位、中立位、缓解位。后备制动阀对外接有总风调压阀管、均衡风缸管，以及一个排大气缩孔。操纵后备制动阀，能实现均衡风缸充风缓解和排风减压制动，单缓按钮用于空气位时单缓机车。图5-25是后备制动的图示。

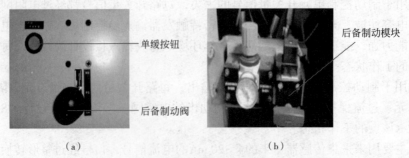

（a）   （b）

图5-25 后备制动的图示

5.2.3 基础制动装置

基础制动装置主要包括JPXZ-1型盘型制动器、JPXZ-2型盘型制动器、轮装制动盘、闸片、制动指示器，如图5-27所示。其中，JPXZ-1型盘型制动器是不带停放制动的制动器，JPXZ-2型盘型制动器是带停放制动的制动器，轮装制动盘为整体式铸铁制动盘，闸片为符合

UIC541-3标准的有机合成闸片。

（a）　　　　　　　　　　（b）　　　　　　　　　　（c）

图5-26　部分基础制动装置

JPXZ-1型盘型制动器由单元制动缸、间隙调整机构、丝杆复位机构、夹钳机构四大部分组成。JPXZ-2型盘型制动器在JPXZ-1型盘型制动器的基本结构上，控制了弹簧停放制动缸部分，提供行车制动力与停放制动力。TJLP01型制动盘安装在车轮辐板两侧，采用特殊材料铸造而成，根据用户的需要可设计成整体盘和分体盘。

机车两侧安装了显示空气制动和停放制动状态的指示器，如图5-27和图5-28所示。

图5-27　制动指示器（状态1）

1—停放制动，缓解（绿色）；2—空气制动，投入（红色）

图5-28　制动指示器（状态2）

1—停放制动，投入（红色）；2—空气制动，缓解（绿色）

任务5.3 制动系统操作说明

5.3.1 制动机运行模式设置

闭合电空制动电源约40 s，待制动机状态指示灯长亮后，将制动控制器自动制动控制手柄置于重联位或抑制位1 s，传感器及电空阀无故障，制动机将被激活。

1. 本机模式

当机车以本机模式运行时，制动显示屏上钮子开关信息栏显示：不补风、空联投入、ATP投入、定压500 kPa（600 kPa）、单机切除，同时显示屏流量表上方显示"本机"字样。

注意：

① 非操纵端大闸手柄置于重联位、小闸手柄置于运转位，并拔出制动控制器的钥匙。

② 制动柜重联阀上的转换按钮置于本机位（若需转换位置，先将转换按钮向里推，然后再转动180°到所需的位置后松开），制动控制单元数码管将显示"bcu"。

③ 制动柜上除无火塞门155、无火安全阀塞门139处于关闭状态外，其他所有塞门都应开通（见图5-29）。

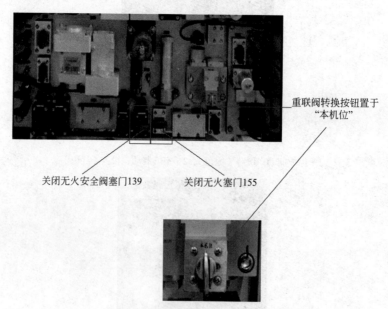

重联阀转换按钮置于"本机位"

关闭无火安全阀塞门139   关闭无火塞门155

图5-29 本机模式制动柜塞门设置

2. 单机模式

当机车以单机模式运行时（和前部机车只连接列车管），仅小闸可以投入使用。将BCU上单机模式投入/切除钮子开关打到"单机投入"位，操纵端大闸手柄置于重联位，小闸手柄置于运转位，其他设置和本机模式一致。

制动显示屏上钮子开关信息栏显示：不补风、空联投入、ATP投入、定压500 kPa

（600 kPa）、单机投入，同时显示屏流量表上方显示"单机"字样。

3. 重联补机模式

当机车以重联补机模式运行时（和前部机车连接列车管、平均管、总风联管），将制动柜重联阀上的转换按钮打到"补机位"，操纵端大闸手柄置于重联位，小闸手柄置于运转位，闸位锁定后将钥匙取出，其他设置和本机模式一致。

制动显示屏上钮子开关信息栏显示：不补风、空联投入、ATP投入、定压500 kPa（600 kPa）、单机切除，同时显示屏流量表上方显示"补机"字样，制动控制单元数码管将显示"bcu"。

4. 无火回送

无火回送时，无火回送机车制动、缓解由牵引机车控制，制动缸最高压力不超过250 kPa。无火回送制动柜塞门设置如图5-30所示。无火回送操作步骤如下。

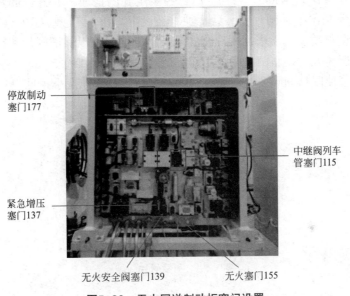

停放制动塞门177

中继阀列车管塞门115

紧急增压塞门137

无火安全阀塞门139　　无火塞门155

图5-30　无火回送制动柜塞门设置

① 将总风充至600 kPa以上，按压司机室停放缓解按钮，确认停放制动完全缓解（停放制动指示器完全变绿）。

② 将大、小闸手柄都置于运转位缓解机车（确认机车已打好铁鞋），关闭停放制动塞门177，待单元制动器停放缸风压降为0，观察停放指示器完全变红后，手动缓解停放制动，并检查制动器闸片和制动盘是否已经分离，确认手动缓解成功。

③ 关闭中继阀列车管塞门115、紧急增压塞门137、总风缸塞门A10（见图5-31），打开无火安全阀塞门139、无火塞门155。

④ 制动系统断电，并将大闸手柄置于重联位。

⑤ 连接牵引机车，将无火机车列车管充至定压，观察闸缸压力是否为0。

⑥ 牵引机车实施制动、缓解至少3次，观察无火机车闸缸压力变化是否正常。

⑦ 测试完成后可以连挂走车。

总风缸塞门A10
（关闭位）

图5-31　无火回送总风缸塞门A10状态

5.3.2　基础制动装置相关操作说明

1. 闸片间隙调整

闸片间隙（双边：3～4 mm）在出厂时已经设定并调整好，可用3 mm塞尺检测闸片间隙（见图5-32）。正常情况下，闸片安装后不须重新设定，JPXZ-1型、JPXZ-2型盘型制动器具有闸片间隙自动调整功能，能根据闸片磨耗量自动补偿间隙以保证闸片和轮盘间隙在正常范围。如有特殊情况需人为调整闸片间隙（如更换闸片），需用口径27 mm的扳手旋转制动器螺盖，顺时针旋转会使闸片间隙变大，逆时针旋转会使闸片间隙变小（见图5-33）。

塞尺

图5-32　测量闸片间隙

螺盖

图5-33　闸片间隙调整

2. 更换闸片

JPXZ-1型、JPXZ-2型盘型制动器更换闸片时需先将闸片间隙调大，然后将闸片托体下部的弯销向外撬动，使闸片挡板打开，这时闸片就能取出。闸片换装完毕后将闸片挡板向里推，使弯销复原，将螺盖逆时针旋转一圈，再进行制动、缓解操作。循环数次直至闸片间隙复原，就可以完成闸片的更换工作了（见图5-34）。

弯销

闸片挡板

图5-34 闸片更换（用螺丝刀向外撬动弯销）

3. 手拉缓解

机车在停放时要移动而又无司机操纵或机车无风时，需对停放制动施行手动缓解：拉动手动缓解拉环（见图5-35），听到风缸的机械撞击声后松开即可缓解停放制动。

手拉缓解拉环

图5-35 JPXZ-2型盘型制动器手拉缓解部分

5.3.3 后备制动模式

后备制动模式是"电空位"故障后的一种应急补救操纵措施，以免在区间途停而影响线路正常运行。后备制动具有制动位、中立位、缓解位3个操作位置，只能保证全列车的制动、保压、缓解等基本功能。

1. 司机室后备制动模块设置

将操纵节司机室后备制动模块上的后备塞门打开，电源柜制动机电源断电，如图5-36所示。

调压阀
调至定压

后备塞门
置于开位

图5-36 司机室后备制动模块

2. 制动柜后备制动模块设置

将操纵节制动柜上的153转换阀由"正常位"转到"空气位"，如图5-37所示。

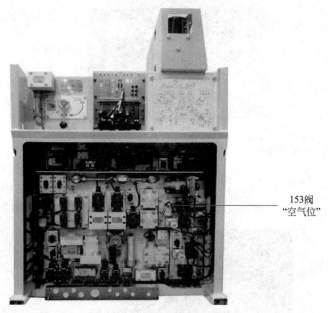

153阀
"空气位"

图5-37　制动柜后备制动模块

3. 后备制动的注意事项

操作后备制动控制手柄，对机车进行制动（将手柄往上推）和缓解（将手柄往下压），调节后备制动调压阀，使其输出压力为列车管定压，按压后备制动单缓按钮可以单缓机车，如图5-38所示。

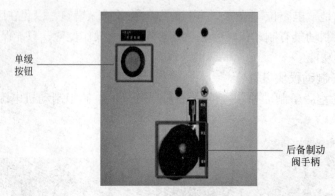

单缓
按钮

后备制动
阀手柄

图5-38　后备制动

① 操纵空气后备制动阀可对全列车进行制动、保压和缓解，单缓机车则要按单缓按钮。

② 应将自动制动控制手柄和单独制动控制手柄放在运转位。

③ 需紧急制动时，可按压紧急按钮或者拉车长阀，并同时将后备制动阀手把移到制动位。

④ 因列车管具有补风作用，后备制动阀减压后放中立位保压时，要注意监视列车速度的变化，防止长时间保压的车辆制动机自然缓解。

⑤ 如果非操纵节机车制动机处于空气位或处于电空位但无电空制动电源，还应将非操

纵节机车中继阀列车管塞门115 关闭。

因为空气位的制动机性能不齐全，不能长期使用，但可作为制动机电空位故障时的一种维持运行的补救操作措施，因此在操作时必须格外注意，正、副司机要密切协调，方能确保行车安全。

任务5.4　制动系统故障处理

5.4.1　故障处理分类

由于DK-2型电空制动机制动系统与一般机车空气制动系统在结构、性能及操作方等方面有较大的不同，故障的性质与特征也不相同，因此造成故障的原因也较为复杂，一般可分为控制电路故障、阀类部件故障、管路及连接部分故障和操作不当故障四种。

1. 控制电路故障

DK-2型电空制动机制动系统的操纵与转换控制系统采用电控方式，因此常出现一些控制电路故障。例如，接线头、插座、插头的虚接和电子元件的虚焊会造成控制功能的错误；而开关接点不良、电空阀线圈断路和控制导线的短路、接地等会造成执行部件不动作。

2. 阀类部件故障

在DK-2型电空制动机制动系统中，阀类部件的故障会直接影响到气路的作用。这类故障大多发生在阀类部件内的滑动件上。例如，由于缺少油脂润滑，各种活塞和分配阀的滑阀、节制阀会出现卡滞，造成风路不能沟通；由于动作频繁和老化等原因，弹簧件会失效，从而影响阀类部件的正常动作；橡胶件会出现龟裂而造成窜风和漏风，使阀类部件不能动作或性能下降。此外，阀类部件内的小孔堵塞也会影响阀类部件的作用。

3. 管路及连接部分故障

这类故障的现象一般比较明显，主要表现在堵塞和泄漏，也有部分阀座内部暗孔内泄而引起窜风。例如，管道内部混合的机械杂质会在管道弯曲部分或变径处造成堵塞，而管接头和部件安装面则常发生泄漏。

4. 操纵不当故障

DK-2型电空制动机制动系统是一个比较复杂的系统，司机在使用机车前，必须全面学习并掌握DK-2型电空制动机制动系统的功能与作用，并按照操作方法来操纵机车。如果违反操作方法或操作不当，也会出现故障。例如，塞门开闭不对、重联装置位置不对、非操纵端大闸及小闸的手柄位置不对、后备制动塞门位置不对，都将使制动系统不能正常工作。

5.4.2　故障分析与处理

首先，必须熟悉DK-2型电空制动机制动系统的控制电路和空气管路，而且要熟悉各部件的内部结构、作用原理和制动机的操作方法，以便快速、准确地判断故障。然后，对出现的故障进行大致判断，按分类方法将故障分类。例如，通过观察电空阀、压力开关动作是否正常可以把故障分成电路故障或气路故障。对每种故障现象，可以根据经验从最易发生故障的地方入手查找并处理，也可以根据分析，并按照电路或气路顺序一处一处查找并处理。

5.4.3 操作运用故障实例

1. 制动机启动后，操作大、小闸，制动机没有反应

（1）可能原因

① 大、小闸电源开关未闭合。

② 制动机未解锁。

（2）解决方法

① 闭合大、小闸电源开关。

② 确保非操纵端大闸手柄置于重联位，小闸手柄置于运转位，机械锁闭钥匙被拔出。将操纵端大闸手柄置于重联位或抑制位1 s解锁（注意制动显示屏上提示）。

2. 制动机解锁成功后，大闸手柄置于运转位，但列车管不充风

（1）可能原因

① 电空制动总风塞门157处于关闭位。

② 中继阀列车管塞门115处于关闭位。

③ 机车紧急制动按钮按下后，未手动复位。

（2）解决方法

① 将塞门157置于开通位。

② 将塞门115置于开通位。

③ 将机车紧急制动按钮手动复位。

3. 制动机解锁成功后，大闸手柄置于运转位，均衡风缸不充风。

（1）可能原因

电空转换阀153置于空气位。

（2）解决方法

将电空转换阀153置于正常位。

4. 将大闸手柄置于制动区，闸缸不上闸

（1）可能原因

① 制动缸塞门119、120处于关闭位。

② 工作风缸初充风未充满。

（2）解决方法

① 将塞门119、120置于打开位。

② 大闸手柄置于运转位90 s以上，再进行制动操作。

5. 大闸紧急制动后，操作大闸手柄至运转位，列车管不能充风（非单机模式下）

（1）可能原因

制动机紧急锁未解除。

（2）解决方法

机车紧急制动而且机车速度为零时，制动显示屏将提示紧急解锁倒计时，倒计时60 s后，需将大闸手柄置于紧急位，然后回运转位充风解锁（注意制动显示屏上提示），由其他原因引起机车紧急制动也需上述同样操作来解锁。

6. ATP或CCU发出惩罚制动，制动机施加惩罚制动后，列车管无法缓解至定压

（1）可能原因

① 惩罚源没有消除。

② 制动机惩罚锁未解除。

（2）解决方法

① 确保惩罚源消除，如果惩罚源一直存在而且机车需要临时动车，可以临时将ATP钮子开关拨至"ATP切除"，切除惩罚源。

② 如需解除惩罚制动，首先惩罚源必须消除，同时需要将自动制动控制手柄置于抑制位1s，制动机才能完成解锁。

7. 制动柜中电动放风阀94或电动放风阀98排风不止

（1）可能原因

① 机车紧急制动按钮按下后，未手动复位。

② 电动放风阀94或电动放风阀98故障。

（2）解决方法

① 将机车紧急制动按钮手动复位。

② 电动放风阀94故障可通过关闭塞门117隔离，电动放风阀98故障可通过关闭塞门118隔离。塞门117或118关闭，显示屏会有相应提示。

8. 制动显示屏提示"请确认钮子开关状态"消息

（1）可能原因

人为改变BCU钮子开关状态。

（2）解决方法

当制动显示屏出现"请确认钮子开关状态"消息提示时，确认钮子开关状态后，请在操纵端按K6键确认。如果未按下确认键，制动显示屏将不会出现其他消息提示，从而影响制动机的正常操作。

表5-9是故障代码表。

表5-9　故障代码表

故障代码	故障等级	故障定义	故障分类
FAULTS[01]	A01	列车管传感器故障	运行故障
FAULTS[02]	A02	均衡传感器故障	运行故障
FAULTS[03]	A03	闸缸预控传感器故障	运行故障
FAULTS[04]	A04	大闸手柄位置故障	运行故障
FAULTS[05]	A05	小闸手柄位置故障	运行故障
FAULTS[06]	A06	塞门115故障	运行故障
FAULTS[07]	A07	紧急制动开关故障	运行故障
FAULTS[08]~ FAULTS[16]	A08~A16	备用	
FAULTS[17]	B01	闸1传感器故障	运行故障
FAULTS[18]	B02	闸2传感器故障	运行故障
FAULTS[19]	B03	总风传感器故障	运行故障
FAULTS[20]	B04	作用管传感器故障	运行故障

续表

故障代码	故障等级	故障定义	故障分类
FAULTS[21]	B05	塞门137关闭	运行故障
FAULTS[22]	B06	塞门119或者120关闭	运行故障
FAULTS[23]	B07	塞门139打开	运行故障
FAULTS[24]	B08	停放制动塞门177切除	运行故障
FAULTS[25]	B09	40 kPa压力开关故障	运行故障
FAULTS[26]~ FAULTS[49]	B10~B32	备用	
FAULTS[50]	B33	初充风，BP压力与定压差大于10 kPa	自检故障
FAULTS[51]	C33	初充风，BP压力与ER压力差大于10 kPa	自检故障
FAULTS[52]	B34	初充风，制动缸未缓解到零	自检故障
FAULTS[53]	B35	大闸紧急制动后BP压力降至零的时间大于3 s	自检故障
FAULTS[54]	C34	大闸紧急后制动缸压力从零升至400 kPa的时间大于5 s	自检故障
FAULTS[55]	C35	大闸紧急后制动缸压力未在440~460 kPa之间	自检故障
FAULTS[56]	C36	大闸紧急制动后，小闸单缓，制动缸不能缓解到零	自检故障
FAULTS[57]	C37	①大闸紧急制动后，小闸侧压后回运转位，制动缸压力回升至440~460 kPa之间 ②大闸紧急制动后，小闸侧压后回运转位，制动缸压力回升	自检故障
FAULTS[58]	C38	大闸紧急制动后回运转位充风，ER压力升至480 kPa/580 kPa的时间超过9 s/11 s	自检故障
FAULTS[59]	C39	大闸紧急制动后回运转位充风，列车管未充风	自检故障
FAULTS[60]	B36	大闸手柄置于运转位，小闸手柄置于全制动位，列车管压力有变化	自检故障
FAULTS[61]	B37	小闸手柄置于全制动位，制动缸压力升至280 kPa的时间大于4 s	自检故障
FAULTS[62]	C40	小闸手柄置于全制动位，制动缸最终压力不在290~310 kPa之间	自检故障
FAULTS[63]	C41	小闸全制动后回运转位，制动缸压力降至40 kPa的时间大于5 s	自检故障
FAULTS[64]	B38	小闸全制动后回运转位，制动缸压力最终压力未到零	自检故障
FAULTS[65]	B39	大闸手柄置于初制动位，列车管减压量不在45~55 kPa之间	自检故障
FAULTS[66]	C42	大闸手柄置于初制动位，小闸手柄置于运转位，制动缸压力不在90~110 kPa之间	自检故障
FAULTS[67]	C43	大闸手柄置于初制动位，小闸手柄置于运转位，均衡管泄漏超过3 kPa/min	自检故障
FAULTS[68]	B40	大闸手柄置于初制动位，小闸手柄置于运转位，列车管泄漏超过5 kPa/min	自检故障
FAULTS[69]	C44	大闸减压100 kPa，小闸手柄置于运转位，制动缸压力不在240~270 kPa之间	自检故障
FAULTS[70]	C45	大闸减压170/140 kPa，小闸手柄置于运转位，制动缸压力不在405~435 kPa/340~370 kPa之间	自检故障
FAULTS[71]	C46	大闸手柄置于全制动位，小闸手柄置于运转位，均衡风缸减压（170±5）kPa/（140±5）kPa的时间不在6~8 s/5~7 s范围内	自检故障
FAULTS[72]	C47	大闸手柄置于全制动位，小闸手柄置于运转位，闸缸压力值增压400 kPa/340 kPa的时间不在7~9.5 s/6~8 s范围内	自检故障
FAULTS[73]	C48	大闸手柄置于全制动位，小闸手柄置于运转位，列车管最终减压不在160~180 kPa/130~150 kPa之间	自检故障
FAULTS[74]	C49	大闸手柄置于全制动位，小闸手柄置于运转位，闸缸压力值不在400~435 kPa范围内	自检故障
FAULTS[75]	C50	大闸手柄置于运转位，小闸手柄置于运转位，8.5 s/7 s后闸缸压力值大于40 kPa	自检故障
FAULTS[76]	C51	大闸手柄置于抑制位，小闸手柄置于运转位，列车管最终减压不在160~180 kPa/130~150 kPa之间	自检故障
FAULTS[77]	C52	大闸手柄置于抑制位，小闸手柄置于运转位，制动缸压力不在405~435 kPa/340~370 kPa之间	自检故障
FAULTS[78]	C53	大闸手柄置于重联位，小闸手柄置于运转位，列车管最终压力不在35~85 kPa之间	自检故障
FAULTS[79]	C54	大闸手柄置于重联位，小闸手柄置于运转位，制动缸最终压力不在435~465 kPa之间	自检故障

模块6
电力机车检修

任务6.1　铁路机车检修综述

　　铁路作为国民经济大动脉、国家重要基础设施和大众化交通工具，在经济社会发展中的地位和作用至关重要。在我国各种运输方式中铁路分别承担了34.17%的旅客周转量和54.17%的货物周转量。铁路的大运量、低能耗的优势是公路和航空运输无法比拟的。为了保证铁路的安全运输，首先必须保证在日常运输管理中有充足的机车供应，以满足客运、货运的牵引任务，因为铁路运输是通过机车牵引车辆完成人、货物的位移的，这里的机车就是人们常说的火车头。机车检修是为了保持或恢复机车性能，使之处于能执行规定功能的状态所进行的所有作业、技术和管理活动的集成，也包括监督活动和对机车的改造。

　　机车检修工作是保持和提高铁路运输能力的重要因素。随着铁路装备的发展，尤其是在目前货运重载、客运高速运输的情况下，机车的检修显得尤为重要，它是铁路运输安全的重要保证。在铁路运营工作中，由于忽视检修而导致机车故障进而造成人员伤亡或财产损失的案例也不乏少数。检修工作的疏漏很可能影响运输安全，甚至引发行车事故。机车检修使机车保持良好状态，牵引列车安全快速地到达目的地，给旅客提供正点舒适的旅行服务，给货主提供及时、满意的运输保障，进而维护铁路企业的形象和信誉。因此，机车检修工作是铁路运输工作的重要组成部分，受到世界各国的高度重视。

1. 铁路机车检修模式

　　检修模式是指铁路机车管理单位组织人员，对机车进行维修活动的方式，包括检修组织、工作流程、人员配置、岗位设置、检修制度等。就我国铁路机车检修模式来讲，经过不断的发展，目前的机车修制已经比较成熟，全国铁路机车检修部门按照统一的模式执行。总体来说，机车维修采取的是计划定期检修、预防修理、诊断检修相结合的施修方式。

2. 国内外机车检修管理概况

　　国外机车检修情况与我国有很大的不同，我国铁路属于国家所有，实行计划管理，而美国、德国、日本等发达国家，铁路系统采用公司化运作，运营、管理、技术实行市场化，公司以为顾客提供优质服务、实现自身效益的最大化为宗旨，其特点是：机车运用、维修分别独立管理，机车维修业务市场化管理。美国、德国、日本、英国、法国等国家的铁路机车车辆的运营由专业的运输公司统一调度，维修由专门负责维修的机务段维修中心或专门的机车车辆维修公司负责。机车维修制度方面，大多数国家都是以计划预防检修为基础，实行分级检修、状态修等多种形式；劳动组织方面以专业化方法为主，分工明确，设备先进，效率较高。

我国铁路依据机车交路设置机务段，并以此为基础形成机车运用和维修的总体布局，机车在固定区段担当牵引任务。而国外机车维修基地的布局大多根据具体情况设置，但总的趋势是按生产规模、承担的维修种类的不同区分设计，管理模式也较灵活。

3. 电力机车检修的意义

电力机车具有效率高、起动快、速度高、功率大、爬坡能力强等优点，是当今我国运输能力最大的机车。当其电源来自于水力发电时，更为经济。电力机车不用油、煤等燃料，可以广泛使用各种能源，不污染空气，劳动条件好，运行中噪声小，是目前世界上公认的机车发展方向。

电力机车主要由车体、车底架、走行部、车钩缓冲装置、制动装置和一整套电气设备组成。机车在运行过程中，由于高速运行受到冲击振动、摩擦及腐蚀，经过一段时间的运用后，各部分构件都会发生磨耗、变形、老化或者损坏。一般来说，运动配合之间的构件或系统都有其初期故障阶段、稳定工作阶段和耗损失效阶段。当机车的零部件出现耗损失效时，便会发生故障，影响机车的正常使用，严重者甚至危及行车安全。因此，为了保证机车正常工作，延长机车使用期限，对机车进行日常保养和检修是十分必要的。在日常保养和检修中必须牢固树立为运输生产服务的思想，贯彻"质量第一"和"修养并重、预防为主"的方针，以"专业化、集中修"的原则进行组织。在检修过程中，严格执行"四按三化"（即按范围、按机车状态、按规定的技术要求、按工艺；程序化、文明化、机械化）和记名检修。电力机车的日常维护保养是把机车处于萌芽状态的故障现象及时发现并处理。除了机车乘务员的日常检查和保养外，还必须按时进行各种修程的定期检修。

目前，电力机车的检修制度有两种。一种是定期检修，即根据机车运行的走行公里或者时间来安排检修周期和修程。这种检修制度有利于检修部门有计划地组织工作，按照事先规定好的检修范围进行检修，便于管理；缺点是检修中盲目性大，人力、材料、设备浪费较大。另一种是状态修（它的主要依据是机车的实际技术状态），即根据不同的技术状态确定检修周期和修程。这种检修制度针对性强，能够节约检修成本，但它必须有一个准确、及时的质量信息反馈系统，其管理难度较大。目前在我国铁路各个机务段中主要是采用定期检修制度，也有单位试行状态修制度。不过随着机车故障诊断记录系统的不断成熟及机车功能模块化的逐步推广，再加上更加全面的机车信息管理系统，未来我国逐步采取状态修的检修制度应该是可行的，毕竟它代表了机车检修管理发展的方向。

任务6.2　电力机车损伤和故障的形成

能够正常工作的机车零部件，其工作能力下降的现象，称为零部件受到损伤；机车零部件的工作能力缓慢或突然下降到不能维持正常工作状态的现象，称为零部件发生故障。损伤和故障发生的主要原因有两种：自然原因和人为原因。电力机车及其零部件的主要损伤包括磨损、电气磨损、金属腐蚀、零件变形、电气绕组损伤等。

1. 磨损

组成摩擦副的零件接触表面，由于摩擦而发生尺寸、形状和表面质量变化的现象，称为磨损。磨损主要是由摩擦引起的。摩擦是指互相接触的两个物体在接触面上发生阻碍相对运动的现象。固态物质外表面的摩擦可分为滑动摩擦和滚动摩擦；液态、气态物质内部之间的摩擦，则称为内摩擦。

（1）摩擦的分类

摩擦可分为以下几种。

① 干摩擦。完全没有润滑剂和其他介质时发生的摩擦，称为干摩擦。

② 液体摩擦。固体接触表面之间由润滑油隔开，摩擦副零件表面之间不发生直接接触的摩擦，称为液体摩擦。

③ 边界摩擦。摩擦副零件表面之间只有极薄的一层润滑油膜时的摩擦，称为边界摩擦。

④ 半液体摩擦。加在摩擦副中大部分载荷由润滑剂所承受，而小部分载荷由吸附油膜承受时所产生的摩擦，称为半液体摩擦。

⑤ 半干摩擦。摩擦副零件接触表面之间只有个别接触点由吸附油膜隔开，其余接触点上既没有吸附油膜，又没有润滑剂，这时发生的摩擦称为半干摩擦。

（2）磨损的分类

磨损可分为以下几类。

① 机械磨损。由于摩擦表面的微观不平度而相互刮碾引起的磨损，称为机械磨损。

② 磨料磨损。由于摩擦表面之间存在硬质微粒发生刮削作用而引起的磨损，称为磨料磨损。

③ 粘附磨损。摩擦副在重载荷工作条件下，由于摩擦表面之间润滑不良，单位压力过大，加之摩擦速度快，使摩擦副中产生大量摩擦热来不及散失，这些热量便传入零件内部深层，使个别接触点上的微粒熔化，由于分子引力作用，这些熔化的微粒从这一摩擦表面粘附到另一摩擦表面上，当熔接强度超过材料内部强度时便发生深层撕扯现象，从而引起剧烈磨损，使摩擦表面更加粗糙不平。

④ 疲劳磨损。在交变载荷条件下工作的摩擦副，由于表面的变形是反复变化的，从而引起表面冷却硬化或产生微裂纹，最后导致表层金属剥落而形成的磨损，称为疲劳磨损。

⑤ 腐蚀磨损。包括化学腐蚀和电化学腐蚀。

2. 电气磨损

摩擦件表面由于受到接触电阻热、电弧热和电动力的作用而发生金属熔化、粘附、脱落的现象，称为电气磨损。

（1）电气磨损过程

第一阶段为开始阶段。这时触头副即将分离，由于接触压力开始减小，触头之间接触电阻便开始增大，触头接触面上因高热而使部分金属变软或熔化。

第二阶段为金属桥阶段。这时动、静触头之间从失去压力到分离成一条小缝隙，不仅接触电阻热达到很大，而且可能伴随出现少量电弧，接触面上有较多金属被加热而熔化，并且填满触头之间的间隙，好像在触头之间架起一座熔融的桥梁。温度越高，熔化的金属越容易滴落而散失；如果电器带有灭弧装置，则由于电动力的作用，会加速熔化金属的散失，从而发生电气磨损。

第三阶段为电弧阶段。这时动、静触头拉断金属桥继续分离，在触头之间产生电弧，电弧对断裂金属桥继续加热，熔化的金属剧增，熔化金属散失更多，电气磨损也就更严重。

触头的电气磨损主要是指触头的烧损。

（2）减轻电气磨损的措施

① 在检修中，要认真检查触头弹簧，更换不合格的触头弹簧，正确调整触头的接触压力、开距和超程等参数。

② 在机车运用中注意维护触头的清洁，在机车检修中注意检查触头的接触状态和触头表面的光洁度。

③ 设计方面，减小触头振动的方法有：增加触头的初压紧力、增加触头弹簧刚度、减小触头闭合运动的角速度、减小触头系统的质量及转动惯量等。

④ 在设计中选用适当的灭弧装置，同时选用耐电气磨损的触头材料。

3. 金属腐蚀

（1）金属腐蚀的定义

金属腐蚀是指金属受到周围介质的化学作用和电化学作用而发生的损伤现象。

① 化学腐蚀。金属表面与外界腐蚀介质接触而发生化学反应，生成新的化合物，这种现象称为化学腐蚀。

② 电化学腐蚀。金属与电解液起化学作用的破坏过程就是电化学腐蚀。

在一般情况下，以上两种腐蚀同时发生，只是电化学腐蚀比化学腐蚀更普遍。

（2）影响腐蚀的因素

① 金属的化学特性。金属的化学活泼性越高，其标准电位越低，也就越容易受到腐蚀。

② 金属的化学成分。金属杂质越多，抗腐蚀能力越差。

③ 金属零件表面。金属零件表面粗糙度越高、表面形状越复杂，抗腐蚀能力越差。

④ 环境温度和介质。温度越高，金属和腐蚀介质的化学活泼性越高，腐蚀更快。

（3）减轻腐蚀的主要措施

① 选用耐腐蚀材料。

② 金属表面加覆盖层。

③ 电化学保护。

④ 介质处理。

4. 零件变形

（1）零件变形的种类

零件变形包括3种：弹性变形、塑性变形、弹性失效。

（2）零件变形的原因

① 零件毛坯在热加工中有残余应力，在较长时间以后，残余应力会逐渐减小，但变形也会因此而产生。

② 零件在机械加工中因切削热的作用也会产生残余应力，因而引起变形。

③ 零件焊接修理因局部加热而产生残余应力，也可能引起变形。

④ 个别零件因受到过大载荷的作用或者因组装时引起抗劲现象，也会发生变形。

（3）减小零件变形的措施

① 对经过热加工、冷加工和焊修的零件，应根据具体情况，在精加工前进行适当的人工时效处理，以消除零件的残余应力。

② 修复零件时，注意不采用已变形的表面作为机械加工的定位面，组装部件时不要引起零件新的变形。

③ 机车运转中，避免超负荷工作，以防止个别零件受到高温的影响而发生不正常的变形。

5. 电气绕组损伤

（1）电气绕组损伤的种类

① 绝缘层损伤。由于自然环境因素的作用，高分子化合物的机械性能和电气性能逐渐变坏的过程，称为自然老化。影响绝缘材料老化的因素有：电、光、氧、湿度、温度和机械力作用等。绝缘材料自然老化的表现有：颜色变化；线圈的外包绝缘层膨胀、分层、变形；材料变脆，产生电裂现象，甚至撕裂或脱落；绝缘电阻降低。

② 机械损伤。导体的绝缘层在周围零件摩擦力的作用下，发生局部摩擦或磨破的现象。

③ 导线故障。包括断路、闪络、击穿、短路、接地。

（2）减小线圈或绕组损伤的措施

① 选择适当等级的绝缘材料。

② 完善对线圈或绕组的检测手段，掌握绝缘层的损伤程度，及时处理已出现的故障。

③ 对固定螺栓采用防松措施，加强检查紧固件的松动情况并及时处理，防止线圈或绕组受到机械擦伤。

④ 对电枢绕组、主极绕组等采用一体化浇注工艺，不仅能提高绝缘强度，而且杜绝了绕组受到机械擦伤的可能性。

⑤ 及时清除线圈和绕组表面的灰尘、铜粉等可导电的物质，始终保持其表面处于清洁、干燥状态。

⑥ 在设计上可利用机车动力学研究成果，尽量减小轮轨之间的动作用力。

⑦ 牵引电动机以架承式代替目前采用的轴悬式，以缓和振动。

6. 电子元器件损伤与故障

电力机车的电子元件：晶体二极管、稳压管、场效应管、晶闸管、集成电路。

元器件的故障率要经过三个阶段：第一阶段，故障率随时间的增加而迅速降低，称为早期故障期。第二阶段，故障率随时间的增加而维持恒定不变，而且延续时间较长，称为偶发故障期。第三阶段，故障率随时间的增加而迅速上升，它是元器件达到使用寿命的后期阶段，称为耗损故障期。

任务6.3 电力机车修理工艺简介

1. 电力机车分解

机车分解是指将机车上的零部件拆卸下来的过程。

做好机车的分解工作，要注意下列几点。

① 要正确使用合适的拆装工具进行分解工作，避免猛敲狠打，以免零件发生新的损伤和变形。

② 事前要按规定做好必要的防护工作，避免发生一切生产事故。

③ 机车上部分零件的公差配合要求较高，不可互换，因而分解时要检查或补做配合记号，避免组装时发生混淆。

④ 为了组装调整方便，一些调整垫片在分解时也应做好记号，并分别保存。

⑤ 某些零部件拆下后必须放在专用的放置架或放置台上，避免发生新的损伤和变形。

⑥ 一些尺寸和参数在解体后不易测定或无法测定，如配合间隙、横动量、齿侧间隙等，因此必须在分解前及时测量和记录。

⑦ 不同材料的零件采用不同的清洗剂来清洗。

2. 零部件清洗

（1）选择清洗方法的原则

① 满足对零部件清洁程度的要求。

② 保证清洗介质不对零部件产生腐蚀。

③ 选用不易引燃、无毒的清洗液，避免清洗中引起火灾、毒害工作人员或污染环境，确保操作安全。

④ 满足经济性原则。

（2）清洗方法

① 碱溶液除油。由氢氧化钠、碳酸钠、磷酸三钠、硝酸钠、硅酸钠、重铬酸钾及肥皂组成。用碱溶液煮洗时，溶液温度控制在80～90 ℃，煮洗时间视零件大小、形状及油污程度而定。

② 有机溶液除油。常用的有机溶液有汽油、煤油、柴油。较贵的有机溶液有酒精、丙酮、乙醚、苯、四氯化碳。

③ 金属清洗剂。使用方法有：煮洗、喷洗和超声波清洗等。

④ 压缩空气除尘。

⑤ 简易工具除油。

3. 零部件的检验

在电力机车中，各零部件一般需经过三种检验：分解检验、中间检验、落成检验。

（1）检验的基本内容

① 几何精度测量。

② 表面质量检查。

③ 隐蔽缺陷检查。

④ 零件材质化验。

⑤ 零件或材料的性能测量。

⑥ 部件性能试验。

（2）常用的检验方法

① 感觉检查。包括视觉检查、听觉检查、触觉检查。

② 量具和仪器测量。包括几何精度测量、弹力和扭矩检测、平衡试验和电气测量。

③ 物理探测。包括浸油锤击法、涂色探伤法、磁粉探伤法、荧光探伤法和超声波探伤法。

模块7
电力牵引传动及控制系统

交流传动电力机车牵引电传动系统采用交—直—交传动形式。牵引设备主要包括各高压电器、主变压器、牵引变流器、牵引电机及相应控制系统。牵引电路主要由网侧电路、四象限整流电路、中间直流环节电路、逆变电路等组成。本模块以HX$_D$3型机车为例进行讲解。

牵引电传动系统的主要特点如下。

① 采用传统的网侧电路结构；为了保证机车安全运行，每台受电弓后都设有隔离开关；主断路器与接地开关成整体设置，有利于车顶高压设备的检修和人身安全；设有干式高压电压互感器和全分裂高压电流互感器。

② 主传动系统采用交—直—交结构，整流环节采用四象限整流器，有利于提高机车的功率因数，减少谐波电流分量。

③ 采用轴控技术；采用6组相同的传动系统，当一组故障时，可以将其隔离，牵引力只损失1/6，有利于机车运用。

④ 采用逆变器软件控制技术进行二次滤波，取消了二次滤波电感和电容，减少了变压器的体积和重量。

⑤ 采用矢量控制技术。

⑥ 采用再生制动技术。

任务7.1 网侧电路

1. 网侧电路的结构

HX$_D$3型电力机车的网侧电路如图7-1所示。网侧电路由2台受电弓AP1、AP2，2台高压隔离开关QS1、QS2，1个高压电流互感器TA1，1个高压电压互感器TV1，1台主断路器QF1，1台高压接地开关QS10，1台避雷器F1，主变压器网侧绕组AX，1个低压电流互感器TA2和6个回流接地装置EB1～EB6等组成。

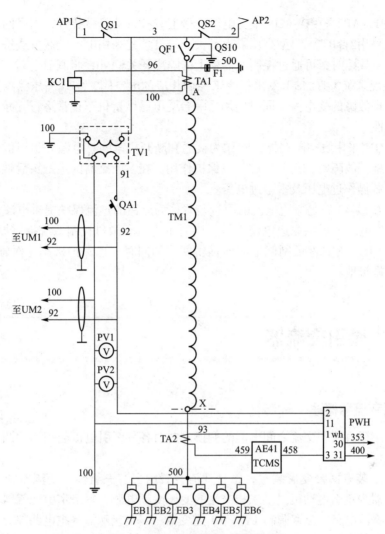

图7-1　HX_D3型电力机车的网侧电路

2. 网侧电路的工作过程

接触网电流通过受电弓AP1或AP2进入机车，经过高压隔离开关QS1或QS2、主断路器QF1，穿过高压电流互感器TA1，经25 kV高压电缆与主变压器网侧A端子流入主变压器原边，电流从X端子流出，通过6个并联的回流接地装置（EB1～EB6），从轮对回流至钢轨。

高压电压互感器TV1接在主断路器QF1之前，为干式高压电压互感器。高压电压互感器原边通过受电弓与接触网连接，检测机车所在位置接触网电压，只要升起受电弓，即可判断接触网是否有电。互感器的电压变比为25 000 V/100 V，其次边通过保护用自动开关QA1，将互感器输出的电压信号分别送到牵引变流器1和牵引变流器2的控制单元，作为牵引变流器控制的同步信号使用；另外还为网压表PV1、PV2和电度表PWH的电压线圈提供原边网压信号。通过装在操纵台上的网压表，司机就能知道接触网的网压值，电度表则记录机车的使用电能和发电（再生制动）电能。

受电弓AP1、AP2采用DSA200型受电弓，弓上装有自动降弓装置，当弓网故障时，可自动降弓保护。采用2台BT25.04型高压隔离开关，该开关是采用电空控制方式进行转换的，当一台受电弓发生故障时，可通过控制电器柜上的隔离开关SA96，将其打至对应隔离位，通过列车控制和监视系统（TCMS）发出指令来控制相应的电空阀，实现高压隔离开关的开闭操作，以切除出现故障的受电弓，同时使用另一台受电弓维持机车正常运行，减少机破，提高机车运用可靠性。

主断路器QF1采用真空断路器，除作为接通和断开机车的总电源外，当机车电路发生短路、过流、接地等故障时，它起最后一级保护作用。在主断路器的主触头后端，还接有避雷器F1，用以抑制操作过电压及雷击过电压。

高压电流互感器TA1是原边电流的测量装置，为原边的过流保护提供电流信号。低压电流互感器TA2为电度表提供原边电流信号，同时也为机车微机控制系统提供原边电流信号。回流接地装置EB1～EB6保证网侧电流向钢轨回流的同时，也保护机车轮对轴承不受电蚀，以及机车的可靠接地。

任务7.2 牵引变流器

7.2.1 牵引变流器概述

变流装置用于直流和交流之间电能的变换，并对各种牵引电机起控制和调节作用，从而控制机车的运行。

每台机车上装有两台变流装置，每台变流装置内含有三组牵引变流器和一组辅助变流器。牵引变流器为牵引电动机提供三相交流的变压变频电源。每组牵引变流器主要由四象限整流器、中间直流电路、脉宽调制（PWM）逆变器、真空接触器等主电路部分和无接点控制单元等控制电路部分构成。牵引变流器根据车辆的速度，通过矢量控制，精确快速地控制牵引电机的转矩和转速。

1. 牵引变流器的参数

牵引变流器的参数如下。

牵引变流器每组容量	1.4×10^6 V·A
额定输入电压	单相交流1 450 V/50 Hz
额定输入电流	965 A
中间电压	直流2 800 V
额定输出电压	三相交流2 150 V
额定输出电流	390 A
最大输出电流	520 A
输出频率	0～120 Hz
效率	≥98%
控制电压	直流110 V

2. 牵引变流器的特性

① 四象限整流器和逆变单元采用绝缘栅双极型晶体管（IGBT）元件，对牵引和制动实行连续控制，可靠性高，噪声低，省电力。

② 可靠的保护电路和保护装置。

③ 高性能的电气元件，能承受短时冲击。

④ 模块化设计，便于故障检出和故障排除。

⑤ 布线科学，能降低电磁干扰，保证电磁兼容要求。

7.2.2　四象限整流器

四象限整流器于1973年提出，因采用脉宽调制的方法，可使整流器的功率因数接近于1，极大地减少了谐波电流分量，并可消除特定的谐波电流。此外，它能很方便地工作在整流和逆变的四个象限，不仅可以工作在整流状态也可以工作在逆变状态，即不仅用于牵引也可以用于再生制动，能把列车的动能和位能变为电能反馈到电网中去，且动态响应速度比较快，系统稳定性比较好。

1. 四象限整流器的参数

四象限整流器的参数如下。

额定输入电压	1 450 V
额定输入频率	50 Hz
每个单元模块质量	30 kg
元件类型：两个IGBT并联	
IGBT元件：	
额定电压	4 500 V（集电极-发射极间电压）
额定电流	900 A（集电极的有效值电流）
最大电流	1 800 A
使用温度	−40～125 ℃
绝缘耐电压	6 000 V交流（1 min）

2. 二极管与绝缘栅双极型晶体管的结构原理

四象限整流单元的主要组成元件是二极管和绝缘栅双极型晶体管，下面对这两种电力电子器件进行介绍。

1）二极管

（1）二极管的基本原理——PN结的单向导电性

当PN结外加正向电压（正向偏置）时，在外电路上形成自P区流入而从N区流出的电流，称为正向电流（I_F），这就是PN结的正向导通状态。

当PN结外加反向电压时（反向偏置）时，反向偏置的PN结表现为高阻态，几乎没有电流流过，被称为反向截止状态。

PN结具有一定的反向耐压能力，但当施加的反向电压过大时，反向电流将会急剧增大，破坏PN结反向偏置为截止的工作状态，这就叫反向击穿。按照机理不同，反向击穿有雪崩击穿和齐纳击穿两种形式。

反向击穿发生时，如果采取措施将反向电流限制在一定范围内，PN结仍可恢复到原来的状态。否则PN结因过热而烧毁，这就是热击穿。

（2）二极管的静态特性

二极管的静态特性即伏安特性，如图7-2所示。二极管正向电压大到一定值（门槛电压 U_{TO} ）时，正向电流才开始明显增加，处于稳定导通状态。与 I_F 对应的二极管两端的电压即为其正向电压降（ U_F ）。二极管承受反向电压时，只有少子引起的微小且数值恒定的反向漏电流。

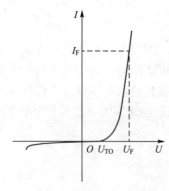

图7-2　二极管的伏安特性

（3）二极管的动态特性

因为结电容的存在，伏安特性是随时间变化的，这就是二极管的动态特性，并且往往专指反映通态和断态之间转换过程的开关特性。

由正向偏置转换为反向偏置时，二极管并不能立即关断，而是须经过一段短暂的时间才能重新获得反向阻断能力，进入截止状态。

在关断之前有较大的反向电流出现，并伴随有明显的反向电压过冲。

由零偏置转换为正向偏置时，先出现一个过冲（ U_{FP} ），经过一段时间才接近稳态压降的某个值。

出现电压过冲的原因：电导调制效应起作用所需的大量少子需要一定的时间来储存，在达到稳态导通之前管压降较大；正向电流的上升会因器件自身的电感而产生较大压降。电流上升率越大， U_{FP} 越高。

2）绝缘栅双极型晶体管

绝缘栅双极型晶体管（insulated-gate bipolar transistor，IGBT）通流能力强，开关速度快，综合了GTR和MOSFET的优点，因而具有良好的特性。

（1）IGBT的静态特性

① 转移特性。描述的是集电极电流（ I_C ）与栅射电压（ U_{GE} ）之间的关系，如图7-3所示。

图7-3中， $U_{GE(th)}$ 为开启电压，是IGBT实现电导调制而导通的最低栅射电压，随温度升高而略有下降。

② 输出特性。描述的是以栅射电压为参考变量时，集电极电流（ I_C ）与集射极电压（ U_{CE} ）之间的关系。分为三个区域：正向阻断区、有源区和饱和区，如图7-4所示。

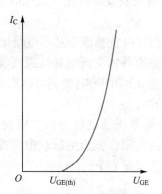

图7-3　IGBT的转移特性

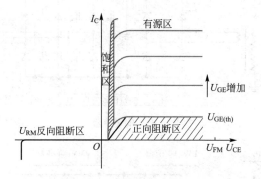

图7-4　IGBT的输出特性

当$U_{CE}<0$时，IGBT为反向阻断工作状态。

在电力电子电路中，IGBT工作在开关状态，因而是在正向阻断区和饱和区之间来回转换。

（2）IGBT的特点

① 开关速度快，开关损耗小。

② 在相同电压和电流定额的情况下，IGBT的安全工作区比GTR大，而且具有耐脉冲电流冲击的能力。

③ 通态压降比具有垂直导电双扩散结构的电力场效应管（VDMOSFET）低，特别是在电流较大的区域。

④ 输入阻抗高，其输入特性与电力场效应管（MOSFET）类似。

⑤ 与电力MOSFET和GTR相比，IGBT的耐压和通流能力还可以进一步提高，且能同时保持开关频率高的特点。

3）四象限整流器电路工作原理及其控制

（1）四象限整流器是一个交直流电力转换系统，它采用IGBT将交流电转换成直流电，其特点如下。

① 与二极管桥式整流电路相比，采用了可控元件IGBT与二极管反向并联。

② 直流侧输出电压幅值大于交流侧输入电压幅值。

③ 在交流电路中即使有感性负载，功率因数也能控制到1。

④ 即使交流电电源电压或直流负载发生变化，直流输出电压也能被控制在恒定状态。

⑤ 采用PWM控制技术。

（2）四象限整流器基本电路和二极管整流器基本电路比较

采用四象限整流器和二极管整流器将交流电转换成直流电的基本电路比较如图7-5所示。采用四象限整流器时，其电路功能在IGBT的电控制电路启动之前，由于所有的IGBT被关断，因此与二极管的电路功能是一样的。

在如图7-6（a）所示的二极管整流器电路中，二极管只有在施加正向电压时，才会导通。如果没有电抗元件，负载为纯电阻，整流电压、电流波形如图7-6（b）所示。在交流电源电压作用下，每个二极管导通的情况如下。

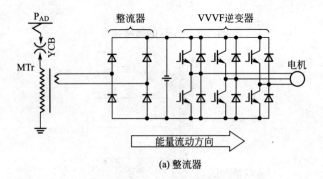

(a) 整流器

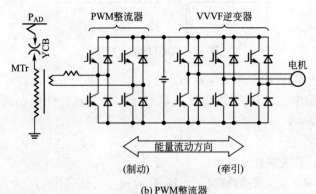

(b) PWM整流器

图7-5　交流与直流转换电路

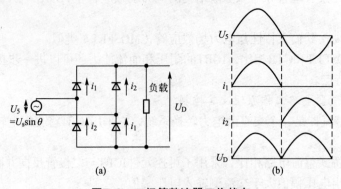

图7-6　二极管整流器工作状态

在电源电压正半周期内，流过负载的电流为i_1；在电源电压负半周期内，流过负载的电流为i_2。这里，施加在负载上的电压U_D是全波整流的直流电压。这是交流与直流转换的基本原理。一般来说，由于电路中有电感元件（如牵引变压器和电机）和电容元件（如滤波电容器），交流电源的功率因数不可能达到1。此外，如图7-6所示，用二极管整流器获得的直流电压U_D不可能大于电源电压。

（3）四象限整流器电路的基本原理及其控制

四象限整流器不仅可以将交流电转换成直流电、整流器的功率因数控制到1的近似值，而且直流输出电压可以高于交流输入电压有效值。四象限整流器电路工作状态说明如下。

四象限整流器能将输入的交流电变成直流电，也可将直流电逆变成交流电回馈电网。无论是整流或是逆变其电网侧的电流与电压同相位、波形近似正弦、功率因数接近1。PWM整流器分为电压型与电流型两类，机车上主要应用的是电压型整流器。

① 四象限整流器电路的结构如图7-7所示。

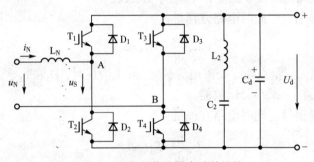

图7-7　四象限整流器电路的结构

电容C_d保证输出电压的恒定。交流侧电感L_N是电路必需的，它包括外接电感与变压器漏感。主电路交流侧的电阻R，包括电感电阻和交流电源内阻，电路中未画出。当输入侧的交流电压$u_N(t)$与电流$i_N(t)$均为正弦时：

$$u_N(t)=\sqrt{2}U_N\sin \omega_1 t$$
$$i_N(t)=\sqrt{2}I_N\sin \omega_1 t$$

直流输出与交流输入功率的瞬时值应当相等：

$$u_d i_d(t)=u_N(t)i_N(t)=\sqrt{2}U_N\sin\omega_1 t\cdot\sqrt{2}I_N\sin \omega_1 t$$

$$i_d(t)=\frac{u_N(t)i_N(t)}{u_d}=\frac{2U_N I_N}{U_d}\sin^2 \omega_1 t$$

$$=\frac{U_N I_N}{U_d}=(1-\cos2\omega_1 t)=I_d-i'_d$$

可见，直流电流i_d将以2倍网频脉动。要得到恒定的输出电压，应当在脉冲整流器与负载之间接一个由电感电容组成的二次谐波滤波器，以平衡以2倍网频脉动的能量，即电路中L_2C_2支路。

T_1～T_4按SPWM方式进行控制，控制正弦信号的频率与电网频率相同。在脉冲整流器交流侧产生的交流电压$u_S(t)$的基波与电网电压同频率，其幅值与网压的相位可控。电感L_N抑制$u_S(t)$中的高次谐波电压所产生的谐波电流，因此$i_N(t)$也是与电网同频率的正弦量。

② 电路的工作模式与能量关系。设交流电源侧的电压与电流均为正弦，以交流电源的正半周为例。

模式1：S_1S_3导通信号。此时电路方程是：

$$L_N\frac{\mathrm{d}i_N}{\mathrm{d}t}+R_Ni_N=U_N-U_d$$

i_N为正时，D_1和D_3导通，交流侧输出能量，直流侧吸取能量，处于整流状态，i_N减小，L_N释放能量；i_N为负时，T_1和T_3导通，交流侧吸收能量，直流侧释放能量，处于能量反馈状态，i_N增大，L_N储能。

模式2：S_2S_4导通信号。此时电路方程是：

$$L_N\frac{\mathrm{d}i_N}{\mathrm{d}t}+R_Ni_N=U_N+U_d$$

i_N为正时，T_2和T_4导通，交流侧与直流侧均输出能量，i_N增大，L_N储能；i_N为负时，D_2和D_4导通，交流侧与直流侧均吸收能量，i_N减小，L_N放能。

模式3：S_1S_2导通信号。此时电路方程是：

$$L_N\frac{\mathrm{d}i_N}{\mathrm{d}t}+R_Ni_N=U_N$$

直流侧与交流侧无能量交换，交流电源被短接，i_N为正时，D_1和T_2导通，i_N增大，L_N储能；i_N为负时，D_2和T_1导通，i_N减小，L_N放能。

模式4：S_3S_4导通信号。此时电路方程是：

$$L_N\frac{\mathrm{d}i_N}{\mathrm{d}t}+R_Ni_N=U_N$$

直流侧与交流侧无能量交换，交流电源被短接，i_N为正时，D_4和T_3导通，i_N增大，L_N储能；i_N为负时，D_3和T_4导通，i_N减小，L_N放能。

7.2.3 中间直流电路

HX_D3型机车中间直流电路原理图见图7-8。中间直流电路主要由中间电压支撑电容FC、主接地保护电路和瞬时过电压限制电路组成。

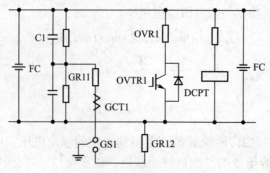

图7-8 中间直流电路原理图

1. 支撑电容

HX_D3型电力机车采用的是电压型逆变器，为保持中间回路电压稳定，并联了大容量的支撑电容，同时它还对四象限整流器和逆变器产生的高次谐波进行滤波。另外，由于在一个短的时间周期内输入的能量和输出的能量不相等，支撑电容可对牵引变流器和牵引电机进行能量解耦。HX$_D$3型电力机车的中间直流电路与欧洲和国内以往的交流传动电力机车不同，取消了二次滤波电路，通过逆变器的软件控制，使逆变器输出电压正负周期的电压时间积趋于相等，以抑制因二次谐波电流产生的牵引电机转矩脉动。

2. 主接地保护电路

主接地保护电路除对电路接地进行保护外，还保证主电路各点有固定的电位。主接地保护电路由跨接在中间回路的两个串联电容和一个接地信号传感器组成。如图7-8所示，当主牵引回路正常时，由于只有一点接地，接地保护电路中流过的电流为零，接地信号检测传感器GCT1无信号输出。

当主回路有接地故障时，接地电路形成回路，接地检测回路中有电流流过。当电流值为10 A以上且持续时间超过1 ms时，保护装置动作，传感器GCT1输出信号送给列车控制和监视系统（TCMS），使保护装置动作，对该组单元进行保护。保护发生时，四象限整流器和逆变器的门极均被封锁，输入回路中的工作接触器断开，当故障持续时间达到150 ms时向微机控制系统发出跳主断信号，此时司机可将故障支路的变流器切除，机车仍将保留有5/6的牵引动力。每台牵引变流器含有三套独立的接地保护电路，可以分别对3组牵引变流器进行接地监测和保护。接地检测信息送至TCMS显示屏，实现故障显示。当只有一点接地时，可以将接地故障开关GS1打到故障位，实施对接地保护的隔离。这时，由于电阻GR12的接入，大大减小了接地故障电流，同时保证主电路中各点位的固定，维持机车继续运行。

当机车出现空转、滑行或者受电弓离线造成网压中断等情况时，牵引变流器的中间回路上可能出现瞬时过电压。为了防止这种过电压对变流器造成损坏，在中间直流回路设有瞬时过电压限制电路。如图7-8所示，瞬压过电压限制电路由IGBT和限流电阻组成，过电压的检测由牵引变流器中间直流回路电压传感器DCPT承担。这是一种多次重复方式的保护，当过电压存在时，该IGBT将导通，直流回路的能量经由限流电阻释放，从而消除过电压。

7.2.4　逆变器和牵引电机电路

逆变器由U、V、W三相逆变单元构成，它将脉宽调制整流器输出的直流电转换为交流电来驱动牵引电机，通过改变逆变器的输出电压和输出频率来控制牵引电机的转矩和转速。

1. PWM逆变器的主要参数

额定输入电压	直流2 800 V
额定输出电压	2 150 V（三相交流电线电压）
最大输出电流	520 A
输出频率	0～120 Hz
元件类型	IGBT（4 500 V、900 A）
每个单元模块质量	19 kg

机车的牵引电动机M1～M3分别由牵引变流器UM1的3个PWM逆变器单独供电，M4～M6

分别由牵引变流器UM2的3个PWM逆变器单独供电,实现牵引电动机的独立控制。由于机车6根轴的轮径差、轴重转移及空转等可能引起负载分配不均匀,都可以通过牵引变流器的控制进行适当的补偿,以实现最大限度地发挥机车牵引力。

2. 逆变器和牵引电机电路

牵引逆变器和牵引电机电路如图7-9所示。HX$_D$3型电力机车牵引逆变器采用矢量控制技术,能够迅速将异步电动机的输出转矩控制在目标值,提高了机车的防空转能力。此技术通过对定子电流的励磁分量和转矩分量的控制,可以达到分别控制电机磁链和转矩的目的,从而实现牵引电机的快速响应。

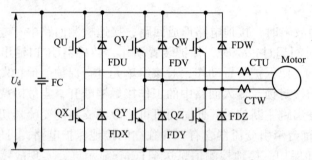

图7-9 牵引逆变器和牵引电机电路

3. 逆变器的工作原理

1)感应电机和变压变频(VVVF)逆变器

感应电机具有结构简单、紧凑、重量轻、无导致环火的换向器等优点,所以故障率低,便于保养,但将其用于车辆行业,速度控制和扭矩控制的范围必须很大。采用变压变频逆变器,就可以达到这个目的,因为变压变频逆变器可以改变输出电压和输出频率,因此能够控制感应电机的旋转速度。

2)逆变器结构和操作

下面以单相逆变器为例,说明直流电如何转换成交流电(逆变器操作)。

图7-10(a)表明开关A和D闭合时的工作状态,而图7-10(b)表明开关B和C闭合时的工作状态。虽然该电路采用直流电源,操作这些开关可以将施加在负载上的电压反向,即通过操作这些开关,交流电压可以施加在负载上。这是直流与交流转换的基本原理。图7-11是

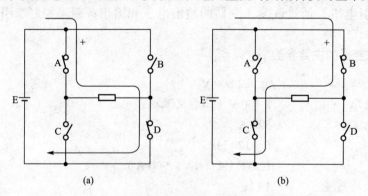

图7-10 逆变器工作原理

一个三相逆变器的基本电路和工作方式，使用的是半导体元件而不是图7-10中的开关。根据图中模式1到模式6的导通和关断过程，通过闭合（关断）这些元件，可获得U、V和W相由电压E和0组成的矩形波，然后每两个相之间则有线电压UV、VW、WU。由此，可获得120°相位差的三相交流电压。图7-12表明在60°到120°、180°到240°、300°到360°区域内各相电流的流通路径。此时，Z_N、Z_V和Z_W被认为是纯电阻。

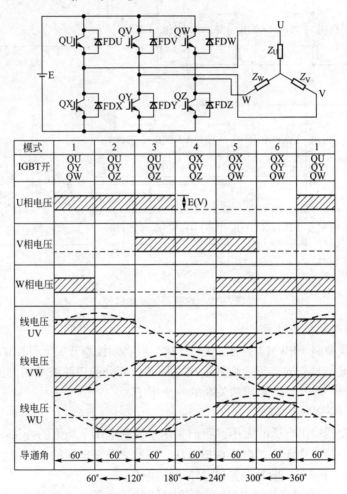

图7-11 三相逆变器的基本电路和工作方式

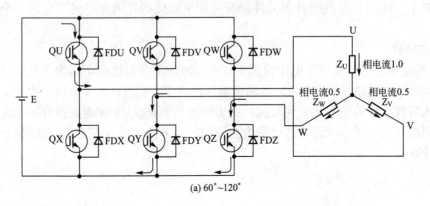

(a) 60°~120°

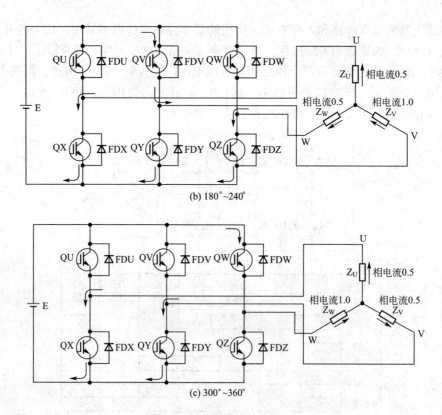

(b) 180°~240°

(c) 300°~360°

图7-12　逆变器的基本操作

4. IGBT的导通和关断过程

为了获得脉宽调制（PWM）控制，VVVF逆变器必须控制开关元件IGBT的导通和关断过程。通过比较载波信号与同步于逆变器输出电压基波部分的正弦波（调制波），来确定IGBT的导通和关断过程。图7-13是导通和关断的一个例子。

5. 脉宽调制（PWM）控制

为了控制逆变器输出电压的大小，我们采用了控制电压平均值的办法。通过闭合、关断开关元件IGBT，可把一个不变的电压截成数块，以此来改变电压的平均值。这种方法被称为"脉宽调制（PWM）控制"。图7-14是PWM控制的原理图。

为了控制逆变器输出频率，需改变单位时间的开关频率，即改变IGBT或其他开关元件的开关频率。图7-15是改变开关元件的开关频率而保持其闭合时间不变的一个逆变器输出波。

6. 脉冲方式

VVVF逆变器通过转换恒定电压输出矩形波，因此逆变器输出电压为含高次谐波的正弦波。一方面，通过增加开关频率可以使输出电压接近于正弦波；另一方面，由于元件损耗和冷却系统的特性，开关频率又受到限制。由于驱动车辆要求VVVF逆变器有一个大范围的输出频率，因此在每个速度区间要选择最为合适的转换方法（脉冲方式），在中高速度区间采用同步脉冲方式。

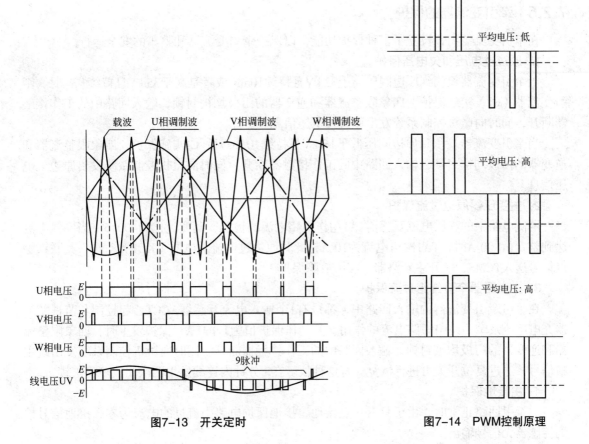

图7-13 开关定时

图7-14 PWM控制原理

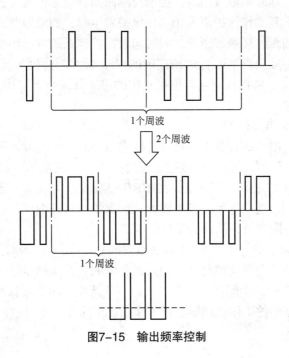

图7-15 输出频率控制

7.2.5 牵引变流器的保护

在牵引变流器内，设立了多种保护功能，以保护牵引变流器和整车的安全运行。

1. 原边过电压和欠电压保护

当牵引变流器检测到原边网压高于32 kV且持续10 ms或者是高于35 kV且持续1 ms时，牵引变流器（CI）实施保护，四象限整流器和逆变器的门极均被封锁，输入回路中的工作接触器断开，同时向微机控制系统发出原边过电压信息。

当牵引变流器检测到原边网压低于16 kV且持续10 ms时，CI实施保护，四象限整流器和逆变器的门极均被封锁，输入回路中的工作接触器断开，同时向微机控制系统发出原边欠电压信息。

2. 主变压器原边过流保护

网侧电路中的高压电流互感器TA1用作短路电流的检测，其变流比为400∶5。当网侧电流达到整定值800 A时，TA1次边电流为10 A，此时原边过电流继电器（KC1）动作，其联锁触点信号送入TCMS，跳开主断路器，实施故障保护。

3. 主变压器牵引绕组过流保护

在每组牵引变流器的输入回路中，都设有1个输入电流互感器ACCT，起控制和监视变流器充电电流及牵引绕组短路电流的作用，其动作保护值为1 960 A。保护发生时，四象限整流器和逆变器的门极均被封锁，输入回路中的工作接触器断开，同时向微机控制系统发出跳主断信号，通过复位开关可进行恢复。若这种故障在3分钟内连续发生两次，故障将被锁定。

4. 主接地保护

主牵引回路正常时，由于只有一点接地，接地保护电路中流过的电流为零，接地信号检测传感器无信号输出。

当主电路某一点接地时则形成回路，接地检测回路有故障电流流过，传感器输出电流信号，使保护装置动作，其动作保护值为10 A。保护发生时，四象限整流器和逆变器的门极均被封锁，输入回路中的工作接触器断开，同时向微机控制系统发出跳主断信号。此时司机可将故障支路的变流器切除，机车还剩5/6的牵引动力，继续维持机车运行，回段后再做处理。若确认只有一点接地，也可将控制电器柜上对应的接地开关打至"中立位"，继续维持机车运行，回段后再做处理。

5. 瞬时过电压和欠电压保护

当机车出现空转、滑行或者受电弓离线造成网压中断等情况时，牵引变流器的中间回路上可能出现瞬时过电压。为了防止这种过电压对变流器造成损坏，在中间直流回路设有瞬时过电压限制电路。瞬时过电压限制电路由IGBT和限流电阻组成，通过牵引变流器中间直流回路电压传感器监测。这是一种多次重复方式的保护，当过电压存在时，该IGBT将导通，直流回路能量经限流电阻释放，从而消除过电压。

当中间回路电压大于或等于3 200 V且持续时间达40 μs时，瞬时过电压保护环节动作，四象限整流器和逆变器的门极均被封锁，输入回路中的工作接触器断开。此外，当中间回路电压小于或等于2 000 V时，中间回路低电压保护环节动作，四象限脉冲整流器和逆变器的门极均被封锁，输入回路中的工作接触器断开（库内动车除外）。

6. 牵引电动机过流保护

在每组牵引变流器的输出回路中，设有输出电流互感器CTU、CTW，对牵引电机过载及牵引电机三相不平衡起控制和监视保护作用。牵引电机过流保护的动作值为1 400 A。当保护发生时，四象限脉冲整流器和逆变器的门极均被封锁，输入回路中的工作接触器断开，同时主变流器控制单元向TCMS发出牵引过流信息，实施跳主断。

7. 牵引变流器的检修安全连锁保护

在检查或操作牵引变流器之前，须断开真空主断路器，降下受电弓，然后闭合主变流器的试验开关（SA75），通过司机台上的微机显示屏确认设备内的电容器已放电完毕（小于36 V）或观察故障显示灯中的"预备"灯灭后，才能进行检查操作，否则中间回路的支撑电容上有很高的电压，会危及人身安全。

任务7.3　网络控制系统

1. 网络控制系统的结构

HX$_D$3型机车的网络控制系统为分布式计算机体系结构，按功能可划分为列车控制级、车辆控制级和传动控制级。网络控制系统的拓扑结构如图7-16所示。

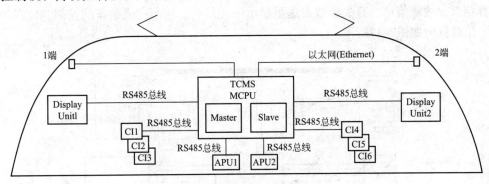

图7-16　网络控制系统的拓扑结构

每台车为1个基本运转单元，车内以TCMS为中心，分别与显示单元、主变流器、辅助变流器通过RS485接口进行通信，构成星型网络；车与车之间采用总线式10 Mbps实时以太网进行信息传输。TCMS同时完成列车控制级信息与车辆控制级信息的转换。

2. 网络控制系统的特点

① HX$_D$3型机车的网络控制系统是包含列车控制级功能、车辆控制级功能和传动控制级功能的计算机系统。列车控制级功能和车辆控制级功能由TCMS实现，传动控制级功能由CI实现。

② 系统具有功能强大的多处理器体系，能进行设备的自诊断；系统配置与编程基于强大的软件工具。

③ 车辆级控制设备构成星型网络，通过RS485接口进行点对点的通信。中心节点TCMS具有Master、Slave两套系统，采用双机热备机制，保证了网络系统的可靠性。

④ 机车与机车之间采用总线式10 Mbps实时以太网传输信息，传输速度快、传送数据量

大。传统的以太网是一种非集中控制的、基于总线的广播式网络，采用CSMA/CD（载波监听与多路访问/冲突检测）工作机制，即总线上的每个节点如果监听到信道空闲就可以传送数据帧，并继续监听下去，一旦监听到冲突，就立即放弃该数据帧的发送，并等待一段随机的时间，然后再次尝试发送数据帧。这种机制容易造成数据的传输时延，在重载情况下，甚至会使网络崩溃、瘫痪。因此，传统的以太网无法满足列车通信实时性、可靠性的要求。HX$_D$3型机车采用的实时以太网是基于UDP/IP协议开发的半双工通信网络。总线上各个节点信息由令牌控制，按照先后顺序以广播的形式定周期发送，因此避免了冲突的产生。它的传输速率为10 Mbps，接口为符合IEEE802.3标准的串行链路，传输介质是双绞屏蔽线。该实时以太网具有传输速率高、实时性强、结构简单、造价低廉、易于维护等特点。

3. 网络控制系统的组成与功能

HX$_D$3型机车的网络控制系统包含控制和监视系统（TCMS）、主变流器（CI1~CI6）、辅变流器（APU1、APU2）、显示单元（Display Unit1、Display Unit2）。TCMS既是车辆级控制的核心，又是列车级控制的节点，在整个机车控制中占有主导地位。

1）信息流向

TCMS通过各种人机接口接收司机控制命令，采集各种反馈信号，进行相关运算，生成相应控制命令，通过RS485接口发送给主变流器、辅助变流器完成相应功能；通过实时以太网发送给他车的TCMS，并由该TCMS发送至他车的主变流器、辅助变流器执行相应操作。各车内的主变流器、辅助变流器的状态信息以相反的方向传输至TCMS进行汇总和处理。TCMS将计算结果、故障信息、有关参数发送至显示单元显示，从而完成整车的控制、监视和保护功能。信息流向如图7-17所示。

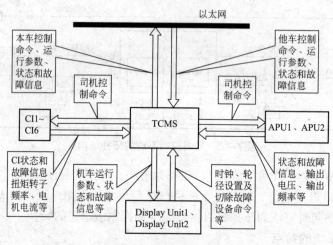

图7-17 信息流向

2）TCMS与CI、APU的基本通信协议

该协议是基于HDLC协议的东芝标准协议，是东芝公司借鉴欧洲IEC61375标准，并针对日本铁路机车车辆内部设备互连的实际需求独立研制开发的。它保证了网络控制系统通信的高可靠性和强实时性。其基本要求如下。

① 信号采用NRZI（non-return to zero, inverted, 不归零制倒置）编码方式，数据帧格式为HDLC。

② 数据传输速率为：100 kbps（CI）；9.6 kbps（APU）。

③ 采用16位循环冗余校验（CRC）方式。

④ 通信接口：光电隔离的RS485。

⑤ 电缆：三绞屏蔽线，包括一对数据线和信号地线。

⑥ 传输周期：20 ms（CI）；200 ms（APU）。

⑦ 传输控制为

T_1：20 ms（CI）或200 ms（APU）；

T_2：2 ms（CI）或10 ms（APU）。

如图7-18所示，TCMS作为主控设备向CI、APU等被控设备发送状态数据请求（SDR），被控设备接收到该请求帧并经过T_2以上时间间隔后，开始向主控设备发送状态数据（SD）。

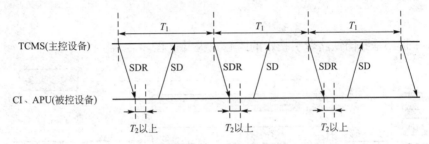

图7-18　传输控制图

⑧ 传输数据格式。TCMS发送的状态数据请求格式如表7-1所示。

表7-1　TCMS发送的状态数据请求格式

F	地址	C	地址1	类别1	地址2	类别2	TEXT1…N	CRC	F
8 bit	8 bit	8 bit	8 bit	8 bit	8 bit	8 bit	8 bit × N	16 bit	8 bit

其中，F表示标志，用于确定数据帧的开始与结束；地址表示目的地址（接收设备地址），设置为广播方式；C表示控制字段；地址1表示下一个源地址（下一级发送设备地址）；类别1表示发送数据类别编码，设置为一般信息；地址2表示源地址（发送设备地址）；类别2表示发送数据类别编码，设置为一般信息；TEXT1…N表示TCMS发送给各个设备的实时数据；CRC表示帧校验序列，采用的生成多项式为CCITT-1。

CI、APU发送的状态数据请求格式如表7-2所示。

表7-2　CI、APU发送的状态数据请求格式

F	地址	C	地址1	类别1	TEXT1…N	CRC	F
8 bit	8 bit	8 bit	8 bit	8 bit	8 bit × N	16 bit	8 bit

其中，F表示标志；地址表示目的地址（接收设备地址），设置为广播方式；C表示控制字段；地址1表示源地址（发送设备地址）；类别1表示发送数据类别编码，设置为一般信息；TEXT1…N表示各个设备发送给TCMS的实时数据；CRC表示帧校验序列。

模块8
机车新技术

图8-1~图8-5是我国铁路牵引技术的跨越式提升过程。

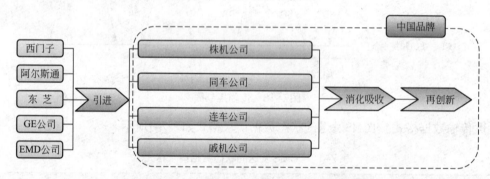

图8-1 大功率交流传动机车的发展途径

西门子欧洲短跑者机车平台　　　　阿尔斯通PRIMA机车平台

日本东芝机车平台　　　美国GE机车平台　　　美国EMD机车平台

图8-2 锁定世界铁路机车最先进技术

图8-3 选定国内机车制造业的骨干企业

图8-4 由直流传动向交流传动转换

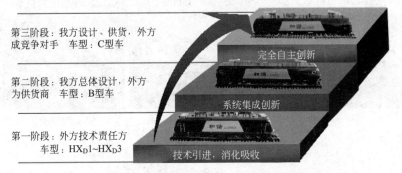

图8-5 和谐系列大功率交流传动电力机车的研发途径

目前，我国已成功掌握大功率交流传动机车核心技术，铁道牵引技术实现了从直流传动到交流传动的根本转换，由采用直流传动技术的韶山系列机车和东风系列机车上升到和谐系列交流传动机车。

任务8.1 电力牵引传动形式

8.1.1 交—直传动

交—直传动是指由交流接触网供电，机车或动车采用直流牵引电机的传动形式。我国现有的韶山（SS）型系列电力机车属于该种传动形式。该种传动形式下，交流电经变压器降压，整流器整流、调压为直流电，向直（脉）流牵引电机供电。图8-6是交—直传动形式，图8-7是交—直传动机车。

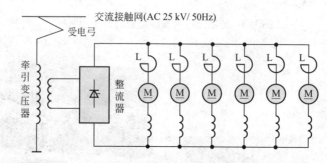

图8-6 交—直传动形式

SS$_1$型电力机车

SS$_3$型电力机车

SS$_{4B}$型电力机车

SS$_7$型电力机车

SS$_8$型电力机车

SS$_{9G}$型电力机车

图8-7 交—直传动机车

8.1.2 交—直—交传动

交—直—交传动是指由交流接触网供电，机车或动车采用交流牵引电机的传动形式。我国引进技术、吸收消化、生产的HX$_D$型系列电力机车、CRH系列高速动车组属于该种传动形式。该种传动形式下，交流电经变压器降压、整流器整流为直流电，再经逆变器转换为变频变压的三相交流电，向交流牵引电机供电。图8-8是交—直—交传动形式，图8-9是交—直—交传动机车，图8-10是交—直—交传动动车组。

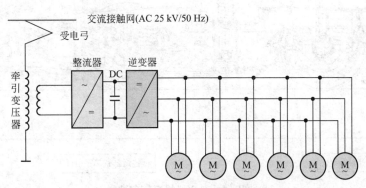

图8-8　交—直—交传动形式

首台AC4000型交流传动电力机车

HX_D1型交流传动电力机车

HX_D2型交流传动电力机车

HX_D3型交流传动电力机车

图8-9　交—直—交传动机车

CRH_1高速动车组

CRH_2高速动车组

CRH_3高速动车组

CRH_5高速动车组

图8-10　交—直—交传动动车组

任务8.2　走行技术

图8-11～图8-18是各种机车转向架的图示。

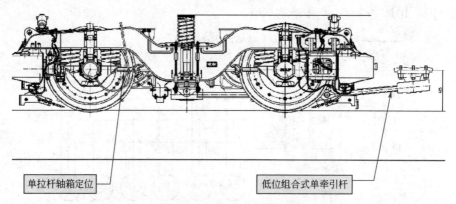

单拉杆轴箱定位　　　　　　　　低位组合式单牵引杆

图8-11　HX_D1机车转向架

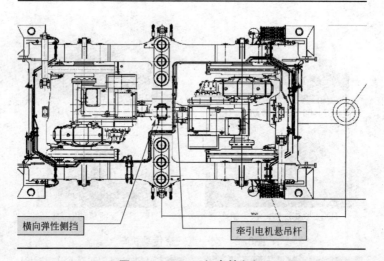

横向弹性侧挡　　　　　　　牵引电机悬吊杆

图8-12　HX_D1C机车转向架

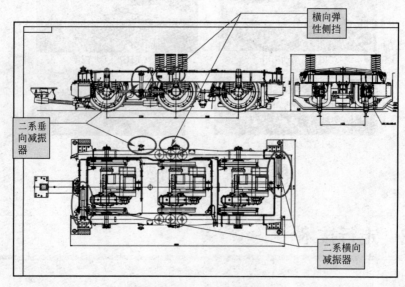

横向弹性侧挡

二系垂向减振器

二系横向减振器

图8-13　HX_D2机车转向架

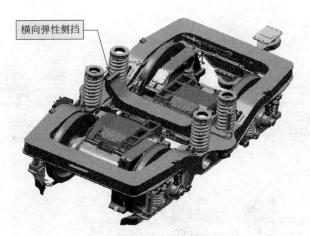

图8-14 HX_D2机车转向架

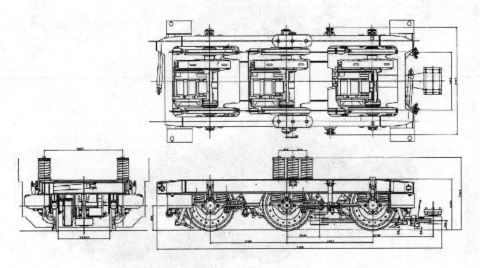

图8-15 HX_D3机车转向架

图8-16 HX_D3B机车转向架

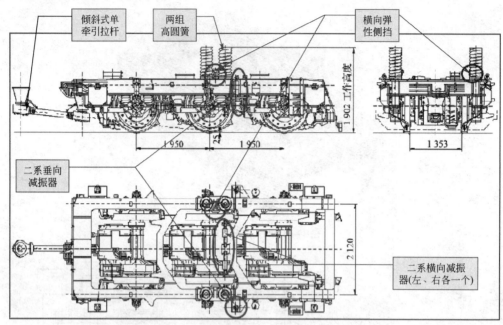

图8-17 HX_N3机车转向架

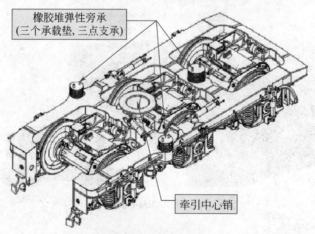

图8-18 HX_N5机车转向架

任务8.3　制动技术

制动机是产生制动原动力并进行操纵和控制的部分。基础制动装置是传送制动原动力并产生制动力的部分。图8-19是直通制动机的工作原理，图8-20是自动制动的工作原理。

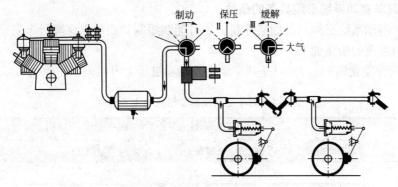

图8-19　直通制动机的工作原理

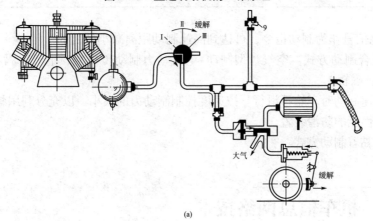

(a)

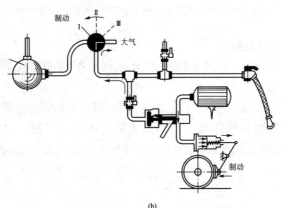

(b)

图8-20　自动式制动的工作原理

制动的实质是：（能量的观点）将列车的动能变成别的能量或转移走；（作用力的观点）制动装置产生与列车运行方向相反的力，使列车尽快减速或停车。

1. 常见制动方式

常见的制动方式有：闸瓦制动、盘型制动、磁轨制动、轨道涡流制动和旋转涡流制动。

高速制动方式主要是指轨道涡流制动，其缺点是功耗大，钢轨严重发热，50 km/h以下不能工作，对轨道电路有影响，增加簧下质量2.4 t；优点是钢轨无磨耗，高速时制动力大，可控制，结冰时有制动力。

2. 高速列车制动系统必须具备的条件

高速列车制动系统必须具备的条件是：尽可能缩短制动距离以保障行车安全。

缩短制动距离的措施如下。

① 减少列车空走时间。表8-1是列车空走及制动缸压上升时间。

表8-1　列车空走及制动缸压力上升时间

项目	电空制动			空气制动
	电气指令式	电磁直通式	自动制动式	列车管压力控制
空走时间/s	0.1	0.2	1.0	3.5
制动缸压力上升时间/s	1.2	2.2	5.0	9.5

SS_{7E}采用电信号作为制动指令，可达到高速制动距离减小的目的。

② 采用复合制动方式。空气盘型制动+电气动力制动（再生、电阻、涡流盘）+非黏着制动（涡流轨、磁轨）。

③ 保证高速制动时车轮不滑行。按速度控制制动力的大小，以充分利用黏着。

④ 采用高性能的防滑装置。

⑤ 采用非黏着制动方式。

任务8.4　机车信息网络技术

1. TCMS的概念及核心任务

HX_D3型交流传动电力机车的微机网络系统即列车控制和监视系统（train control & monitoring system，TCMS）。

TCMS的核心任务是：根据司机指令完成对主变流器及异步电动机的实时控制、辅助变流器的实时控制、牵引/制动特性控制、传动系统的时序逻辑控制，显示机车运行状态。它具备完整的故障保护、故障记忆及显示功能，并具有一定程度上的故障自排除、自动切换和故障处理指导功能。

2. TCMS主要完成的控制

TCMS主要完成的控制如下。

① 牵引制动特性曲线的控制（23 t和25 t切换：主CPU搭载基板PUZ33上的开关SW1置"0"时是23 t，开关SW1置"0以外的数"时是25 t）。

② 定速控制（速度≥15 km/h，未采用空气制动）。

③ 禁止功率输出。

④ 升弓控制（控制上必须先断主断，再降弓）。

⑤ 压缩机起停控制。

⑥ 110 V电源屏的控制。

⑦ 自动过分相控制。

⑧ 警惕装置控制。

3. TCMS的故障处理与记录

TCMS在机车出现故障时，以显示屏显示、报警灯指示两种方式通知操作人员，并自动完成相应的保护动作，记录发生故障时的相关信息，为后期诊断提供有用且必要的信息，而且还可以通过便携式计算机将故障履历下载，以便分析和保存。

任务8.5　走行部动态监视系统

1. 系统介绍

系统用于采集运行动车组走行部、制动配件、底板、钩缓连接、车体两侧裙板等部位图像及三维尺寸信息，采用图像自动识别及三维尺寸测量技术对图像进行自动故障分析，并将识别结果和图像传输至运用所调度室、质检验收车间或技术组内报警终端。TEDS-3D系统可排除水渍、污渍、人工标记等引起的误报警，与TEDS系统相比大大减少了误报警数量，拥有更高的识别准确率。

2. 主要功能

① 系统采集动车底部、侧部可视部件的完整二、三维图像，兼容既有TEDS技术条件。

② 系统能够对动车三维图像进行自动图像分析和识别。

③ 系统具有车号图像自动识别功能，实现车辆图像与车号的自动索引。

④ 系统具有动车信息管理系统的数据交换接口。

⑤ 系统可实现低带宽下的大容量图像数据的实时传输和浏览。

⑥ 系统具备Web页图像实时浏览功能。

⑦ 系统具备统计分析功能。

任务8.6　受电弓及车顶状态检测系统

1. 系统介绍

系统安装在机车、动车组入库线路上，采用高速、高分辨率图像分析测量技术和现代传感技术，实现受电弓关键特性参数的在线动态自动检测和车顶关键部件、车顶异物的室内可视化观测，适用于各种电力机车、动车组的受电弓和车顶设备检测。

2. 主要功能

① 动态非接触自动图像分析处理并记录机车受电弓滑板磨耗值。

② 动态非接触自动图像分析处理并记录机车受电弓中心线偏差值。

③ 自动动态检测并记录受电弓工作位接触压力值。

④ 车顶监控视频大屏幕实时显示、存储及不同速度回放。

⑤ 车顶异物及车顶关键部件状态室内可视化观测及判断。

⑥ 机车车号和端位自动识别。

⑦ 提供检测项目的图像及数据报表输出。

⑧ 提供检测结果的查询、统计、综合分析、打印、故障预警及网络共享管理。

⑨ 具有对检测出的数据进行分析、判断、整理的能力。通过对历史数据的综合分析，总结受电弓的磨耗规律，绘制磨耗趋势图，预测受电弓滑板运用到限时间；通过数据的综合分析比较（按时间段、运行公里数对同类型受电弓检测数据进行综合分析比较），对受电弓的技术状态做出综合评价，给出优化的综合维护保养方案，以指导受电弓的检修。

⑩ 提供丰富的数据接口。如机车基本信息输入接口、走行公里数输入接口、人工反馈信息输入接口、段相关部门和铁路局的网络访问接口等。

任务8.7　铁路机车调车作业安全防控系统

1. 系统介绍

当机车进行出入库或转场等单机作业时，由于司乘人员瞭望信号错误或疏忽，机车冒进信号，造成行车事故或重大事故的情况时有发生。

铁路机车调车作业安全防控系统能有效解决上述问题，引导司机安全驾驶，从而达到安全作业的目的。铁路机车调车作业安全防控系统采用智能视频分析技术和图像识别技术，通过对车辆行进中拍摄的前方视频图像进行处理来获取信号灯及走行信息，从而判断出列车前方行进路线及该路线沿途信号灯的状态，并根据信号灯距离和机车行车速度进行安全信息判断和语音报警提示。

当判断机车要冒进时，系统语音提示司机，此时由司机决定是否实施控车。若司机没有进行按钮确认，语音提示会一直进行。当系统根据实时车速判断制动距离不足时，此时人工还未进行按钮确认，则系统可自动控制排风进行紧急刹车，并发出紧急警报以提示驾驶人员，从而减少事故发生。

2. 主要功能

① 左/右侧低柱红/蓝灯识别。根据列车行进方向，自动启动相应的摄像头，自动检测信号灯，并判断其是否为蓝/红灯、有。

② 单机控车功能。机车出入库及单机转线等调车走行中，能根据实时车速判断制动距离，制动距离不足时能进行语音报警，在没有人工确认时系统自动排风控车。

③ 土挡防控功能。

④ 机车全国位置追踪功能。

⑤ 高柱灯检测。

⑥ 视频显示和语音报警功能。运行界面显示包括钢轨检测显示、信号灯或疑似目标定位、运行状态显示；对于系统的重要事件，均有相应的语音播报；具有进入系统、系统自检、系统待机、信号灯报警、疑似目标报警、实施排风等语音提示功能。

⑦ 数据记录功能。机车在进行调车作业时，具备对机车前方路况、排风和解排日志的记录功能。

⑧ 机车换向自动判断功能。机车行驶过程中，当机车转换方向时，系统具备自动切换监控方向功能，即始终保持系统的监控方向与机车行进方向相同。

⑨ 电源保护功能。系统具有电源自保护功能，始终保持设备的稳定运行。

任务8.8 机车视频监控及记录系统

1. 系统介绍

机车视频监控及记录系统是机车车载安全防护系统（6A系统）的重要组成部分，采用3G无线传输、声像数字化处理等技术，对机车前端、司机室、设备间、前方道口、信号机、道岔、线路、施工情况及前后方线路情况等进行实时监控、记录和传输，同时还具备项点预警及警惕控制等功能，对事故预防、事故分析及监督乘务作业起到了重大作用。

2. 主要功能

① 实时图像采集、显示功能。使用8路清晰度为D1的摄像机，全程实时拍摄、显示机车运行前方图像、司机标准化作业情况，移动侦测机车非操纵端设备的工作状态。

② 火情可视和报警图片发送功能。实时监测车内温度及烟雾情况，一旦出现异常即发出报警，并将与报警事件相关的图片发送至地面控制中心。

③ 视频存储及下载功能。采取硬盘压缩的方式存储，容量可达500 GB（可扩展），可结合监控信息记录至少10天的全程或项点音视频文件和报警信息。

④ 灵活的视频回放功能。可以根据监控位置、时间、公里标等回放视频，在回放的过程中可以快进、快退和暂停。

⑤ 远程图像传输功能。系统采用3G无线局域网传输，实时发送视频流。

⑥ 录音功能。每台摄像机都配有麦克，做到录音清晰且同步。

⑦ 项点图像抓拍功能。可抓拍开车、停车、监控动作、管压异常、车速异常、人为紧急、侧线运行、进入调车、调车开行、退出调车、红黄信号、过分相点、特殊区域、开关视频、继乘交接等15类项点。

⑧ 提供精确的机车信息功能。直接从LKJ上取得压力传感器数据、机车信号信息、光电速度传感器信息等机车关键部位信息并进行实时记录，地面监控中心可以根据实际需要有选择地查看。

⑨ 地面分析处理功能。图像、语音、监控信息三合一的分析界面，可以同步、多画面地重现机车运行状态及司机作业状况。

任务8.9 动车组故障预测与健康管理系统

8.9.1 系统介绍

随着铁路运输的发展，各种运输装备性能不断提高，系统组成的复杂性也不断增加，各种信息技术和智能技术被广泛应用其中，使装备的故障预测与诊断、维护等问题日见突出。动车组是复杂程度最高、运行速度最快的地面运输装备，目前的维护仍以定期修和故障修相结合。检修周期为：一级修为48小时；二级修为6天至24个月不等；三级修为3年；四级修为6年；五级修为12年。动车组寿命周期一般为20年，在整个寿命周期中，要经历大约3 650次一级修，10～1 200次二级修，7次三级修，3次四级修，1次五级修。

巨大的人力、物力、财力消耗使得动车组运营成本居高不下。如何降低动车组维护、维修成本，实现动车组的状态修已经成为动车组发展的重要课题。此外，对故障的不当的维修，不仅会造成各种资源的浪费和设备保养成本的提高，还会降低动车组运用效率，缩短动车组的使用寿命。建立集成的智能系统，实现对动车组运行安全关键参数的实时监控、状态评估、故障诊断和预测、维修分析决策等功能，最终促进动车组状态修的实现，可以大大降低动车组维护、维修成本，提高动车组运营效率，提高动车组行车安全保障能力。

故障预测与健康管理系统（PHM系统）利用尽可能少的传感器采集系统的各种数据信息，借助各种智能推理算法（如物理模型、神经网络、数据融合、模糊逻辑、专家系统等）评估系统自身的健康状态，在系统故障发生前对其故障进行预测，并结合各种可利用的资源信息提供一系列的维修保障措施，以实现系统的视情维修。PHM系统可以实现由传统的基于传感器诊断向基于智能系统预测的转变，极大地促进了状态修取代事后维修和预防性维修的进程。PHM系统能及时、准确地确定机车当前状态及在未来一段时间内发生故障的可能性，并对使用、维修活动做出辅助决策与建议。PHM系统与传统的故障检测相比，由事后检测转移到事前预测，在详细掌握部件失效机理的情况下，构建部件失效模型，能达到预测故障的目的。同时，PHM系统还采纳传统的故障检测方法，探测潜在故障，以便在没有造成灾难事件前采取措施。建立PHM系统，可以实现设备的实时监控、故障诊断和预测及维修决策支持，可以以最小的代价尽量长时间地保持设备的正常使用寿命，是铁路大型装备运用和检修的发展方向。

8.9.2　动车组PHM系统总体框架

动车组PHM系统能实现动车组的状态监测、故障的自动诊断及故障预测、自动维修决策等功能。动车组PHM系统的总体框架如图8-21所示。

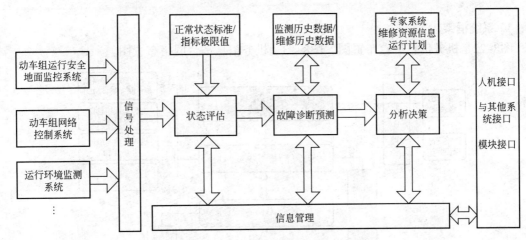

图8-21　动车组PHM系统的总体框架

①　动车组网络控制系统、动车组运行安全地面监控系统和运行环境监测系统组成数据采集系统，采用先进的传感器、数据采集卡、数据传输总线感应和采集与动车组的异常属性有关的特征参数，包括温度、音频、应力、外形等，实现对动车组故障状态、健康状态等信息的采集录入。

②　信号处理模块完成采集数据的融合、特征提取和数据转换等任务。利用来自多种信息源的多参数、多传感器信息及历史与经验信息，分析其相关性，考虑各信息的可信度和精确度，采用权重、模糊逻辑等方法进行数据融合和特征提取。

③　状态评估模块接收来自传感器、信号处理及其他状态监测模块的数据，并将这些数据同期望的数据值进行比较，判断部件的状态，并根据事先预定的各种参数指标极限值提供故障报警。

④　故障诊断预测模块接收来自不同状态评估模块及其他故障诊断预测模块的数据，评估动车组的健康状态，实时监测关键参数的退化状态，完成故障诊断。故障诊断基于各种健康状态历史数据、工作状态及维修历史数据、综合状态监测数据和故障诊断信息，评估、预测动车组的未来健康状态，如预测部件残余寿命，使工作人员能够有足够时间更换或维修故障部件。

⑤　分析决策模块接收来自状态评估和故障诊断预测模块的数据，根据专家系统的维修知识，结合动车组运行计划，产生更换、维修活动的建议、措施等，可在发生故障前的适宜时机进行维修。

⑥　信息管理模块保证各环节信息通过一定的方式传输到PHM系统中的其他部分，确保PHM系统各部分之间进行正确、通畅、协调、安全的信息交流，从而实现整个PHM系统的信息化、网络化、一体化。

任务8.10 机车电子档案系统

1. 系统框架

图8-22是机务信息平台布置图，图8-23是机务信息平台网络布置图。

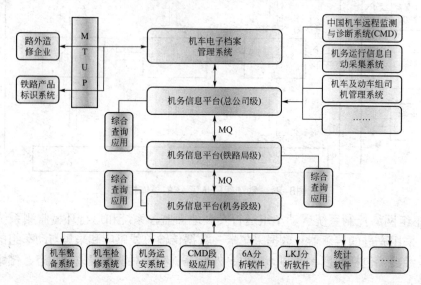

图8-22 机务信息平台布置图

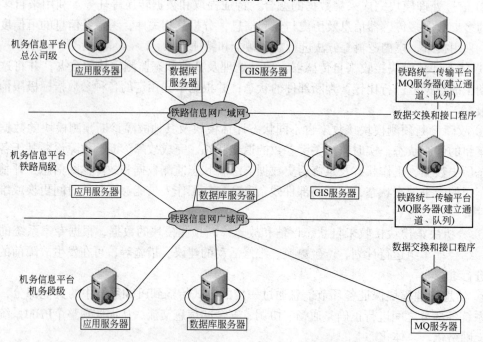

图8-23 机务信息平台网络布置图

2. 履历功能结构

图8-24是履历功能结构图。

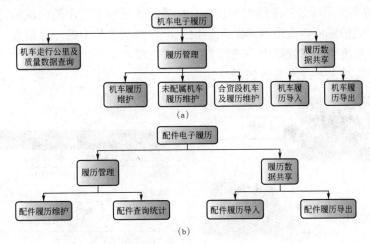

图8-24　履历功能结构图

3. 机车电子档案系统的特点

① 实现机车零部件更换历史追溯。

② 实现机车历次修程零部件维修情况追溯。

③ 实现零部件上下车历史追溯。

④ 采用文件交换方式实现与路外造修企业共享机车及配件履历。

⑤ 从机车统计系统获取机车日走行公里，实现机车及零部件走行公里自动统计。

⑥ 实现机车主要部件的有效管理。

任务8.11　机车系统及零部件自动识别技术

8.11.1　自动识别技术简介

图8-25是RFID技术的基本工作原理图。

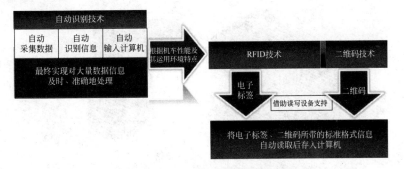

图8-25　RFID技术的基本工作原理图

RFID（radio frequency identification）技术即无线射频识别技术，RFID标签也称电子标签，由标签、读写器和天线组成。

RFID技术的工作原理是：采用射频技术，标签进入读写器发出的磁场后，接收读写器发出的射频信号，凭借感应电流所获得的能量发送出存储在芯片中的产品信息；解读器读取信息并解码后送至系统的信息处理中心进行有关数据处理。

电子标签种类及主要技术参数如图8-26所示。

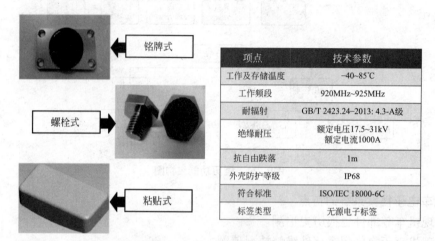

项点	技术参数
工作及存储温度	-40~85℃
工作频段	920MHz~925MHz
耐辐射	GB/T 2423.24-2013: 4.3-A级
绝缘耐压	额定电压17.5~31kV 额定电流1000A
抗自由跌落	1m
外壳防护等级	IP68
符合标准	ISO/IEC 18000-6C
标签类型	无源电子标签

图8-26　电子标签种类及主要技术参数

读写设备的基本要求如下。

① 自动识别机车系统及零部件标签（含电子标签和二维码）。

② 在规定的读写距离内，读写设备可对标签信息进行读取、写入（仅针对电子标签）及校验。

③ 传输标签数据信息。

读写设备的其他要求如下。

① 信道中心频率：$920.125+M \times 0.25$（M为整数，取值为0～19）。

② 最大发射功率：工作频率为920.5～924.5 MHz时，最大发射功率为2 W。

③ 符合ISO/IEC 18 000-6:2013空中接口要求，支持Access、BlockWrite和BlockErase指令。电子标签发卡设备应支持对电子标签静态数据区域的永久锁定功能。

图8-27是两种读写设备。

图8-27　读写设备

8.11.2　自动识别技术的优点

自动识别技术的优点如图8-28所示。

实现机车及部件基本信息的自动识别

提高履历信息收集的工作效率，减少抄录人员工作量

简化纸质履历的管理程序，降低生产成本

规范机车系统分类及主要部件履历信息

实现机车及部件履历信息的全寿命追踪

规范管理，实现实时、综合查询

- 及时掌握产品技术状态
- 为产品RAMS分析与研究提供基础数据
- 及时发现设计薄弱环节，从源头提升产品质量

图8-28　自动识别技术的优点

8.11.3　装车准备工作

① 指导文件。《机车系统及零部件自动识别设备应用暂行技术条件》规定了机车系统及零部件自动识别设备的术语和定义、设备构成与功能、应用环境、技术要求、检验方法、检验规则、RAMS 要求、标识、包装、运输和贮存等。

《机车重要零部件信息编码管理办法》规定了机车制造、检修涉及的重要零部件信息编码的实施和管理要求，以及机车重要零部件产品标识代码、单件码管理范围等。

② 生成单件码。机车部件单件码规则依据TB/T 3137—2006制定；单件码是部件的唯一身份ID，由铁路产品标识代码（前12位）和辅助代码（后9位）组成。

③ 申请产品标识代码。申请方式：网上申请。申请周期：资料齐全且合格、手续齐全，铁科院标准所于5个工作日内完成赋码工作。

④ 硬件准备。所需硬件如图8-29所示。

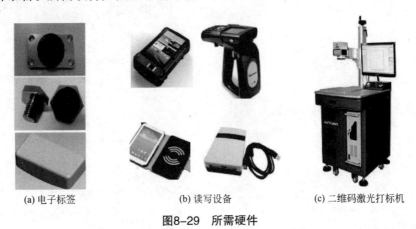

(a) 电子标签　　　　　　(b) 读写设备　　　　　(c) 二维码激光打标机

图8-29　所需硬件

⑤ 软件准备。标签发卡及读写软件，实现电子标签信息的识别和修改及二维码信息的识别。

⑥ 工艺准备。按照《机车系统及零部件自动识别设备应用暂行技术条件》要求制作电子标签、二维码，并在指定位置安装、打标，实现产品的永久性标识。对于粘贴式电子标签需按粘接的特殊工序进行过程控制，确保电子标签安装稳固；二维码打标位置须方便扫描读取。

模块9
机车车载安全防护系统

任务9.1　机车车载安全防护系统概述

近年来，随着机车交路的不断延长、运行速度的不断提高及牵引重量的不断加大，机车安全事故时有发生，直接损失和间接损失巨大，严重影响了运行安全和运营秩序。其中走行部轴箱轴承、电机轴承等故障；列车在运行中发生折角塞门非正常关闭引发的冒进、冲撞事故；机车高压绝缘破坏，引起接触网烧损，造成大面积停电；机车内部电线电缆短路、过热及其他原因引起的机车火灾；列车供电故障，造成列车不能正常出库、发车等，严重破坏了铁路运行安全基础。

因此，如何用技术手段体系化地解决机车安全的管控问题，已经成为机车运用部门的关注重点。

由于各监测设备在标准、功能、安装、人机界面、维护管理等方面不统一，无法纳入规范化管理和信息处理网络，无法适应安全管理、跨局运用等现实需求。

机车车载安全防护系统（6A系统）是针对机车的制动系统、防火、高压绝缘、列车供电、走行部、视频等危及安全的重要事项、重点部件和部位，采用实时检测、监视、报警并可实现网络传输、统一固态存储和智能人机界面，整体研究设计而形成的平台化安全防护装置。

6A系统实时采集机车安全状态信息，与车载微机网络系统数据、LKJ监控系统数据共同构成CMD系统的数据源。CMD系统传输平台如图9-1所示。

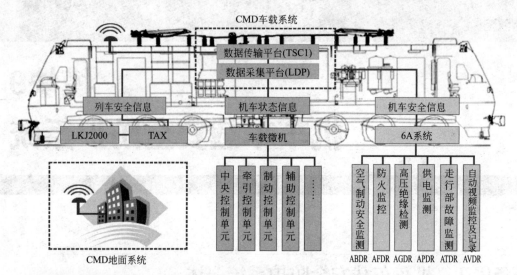

图9-1　CMD系统传输平台

9.1.1　6A系统的构成

　　6A系统主要由中央处理平台和6个监控子系统构成。6A系统以中央处理平台（CPP）为核心，集成了6个监控子系统。图9-2是6A系统的车载主机，图9-3是6个监控子系统与中央处理平台。

　　6个监控子系统包括：机车高压绝缘检测子系统（AGDR）、机车防火监控子系统（AFDR）、机车自动视频监控及记录子系统（AVDR）、机车供电监测子系统（APDR）、机车空气制动安全监测子系统（ABDR）和机车走行部故障监测子系统（ATDR）。

图9-2　6A系统的车载主机　　　图9-3　6个监控子系统与中央处理平台

9.1.2　6A系统各部分功能

1. 中央处理平台（CPP）

　　主要功能：综合处理报警；安全信息存储；人机交互界面；平台统一供电；实时网络传输；双处理器冗余工作；监测子系统可扩展，如图9-4所示。

图9-4　中央处理平台主机和音视频显示终端

2. 机车高压绝缘检测子系统（AGDR）

主要功能：升弓前对机车高压绝缘状态进行确认；记录高压绝缘测试数据；防止盲目升弓而引起接触网烧损，如图9-5所示。

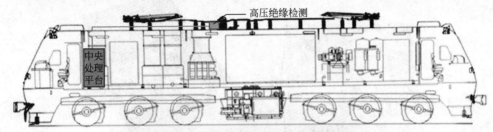

图9-5　机车高压绝缘检测子系统

3. 机车防火监控子系统（AFDR）

主要功能：火灾报警；火情可视。

在司机室、机械间等处布设烟温复合探头，在地板线槽内布设感温电缆；监测车内司机室、机械间等处温度、烟雾变化，预防机车电气、油气起火事故的发生，如图9-6所示。

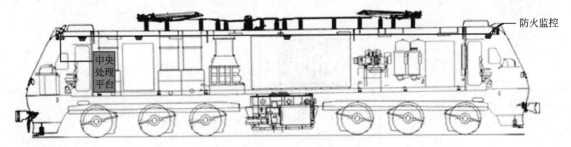

图9-6　机车防火监控子系统

4. 机车自动视频监控及记录子系统（AVDR）

主要功能：实现与防火系统的联动；视频图像存储和调用分析。

通过记录司机操作、运行路况、机械间图像等，辅助事故分析，如图9-7所示。

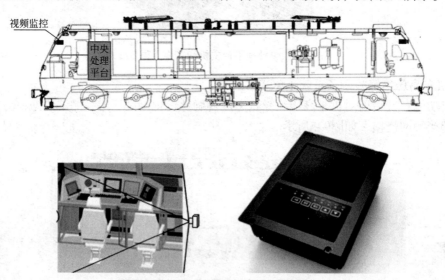

图9-7　机车自动视频监控及记录子系统

5. 机车供电监测子系统（APDR）

主要功能：接地诊断（漏电流检测）；对机车及后部车辆供电状态进行监测；列车供电状态及故障记录。

可在机车出库、挂车、运行过程中对列车供电状态进行实时监测，实现列车供电系统故障分析和报警，如图9-8所示。

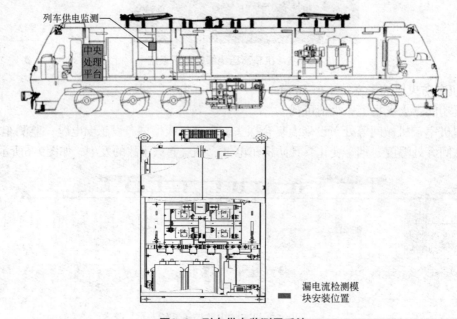

图9-8　列车供电监测子系统

6. 机车空气制动安全监测子系统（ABDR）

主要功能：列车折角塞门非正常关闭监测；机车停放制动非正常施加监测。

预防因折角塞门关闭、制动失灵引起的行车事故，预防机车意外带闸行车事故，如图9-9所示。

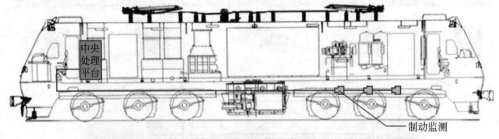

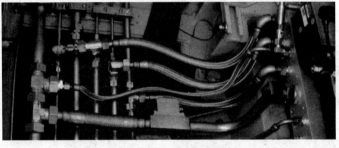

图9-9　机车空气制动安全监测子系统

7. 机车走行部故障监测子系统（ATDR）

主要功能：走行部轴承温度和冲击监测。

通过振动谱分析，检测走行部轴箱、电机轴承和踏面的早期故障，以降低走行部事故的发生，如图9-10所示。

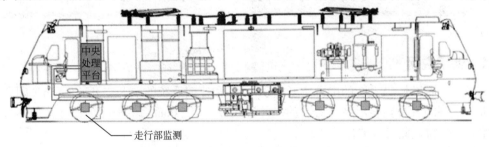

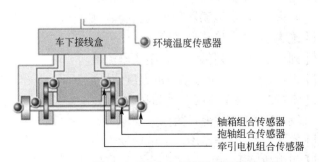

图9-10　机车走行部故障监测子系统

167

9.1.3 安装方案

6A系统安装位置如图9-11所示。

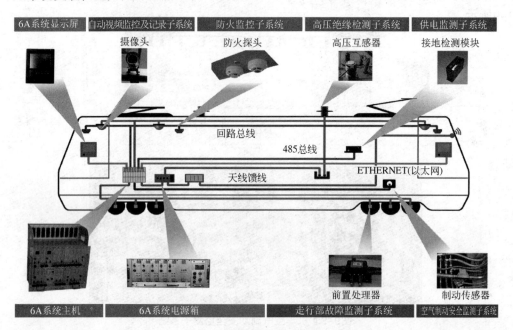

图9-11 6A系统安装位置

任务9.2 系统简要使用说明及检修维护方法

9.2.1 使用说明

司机上车后，将6A系统的电源空开（QA64）和监控系统的电源空开（QA56）闭合。这时司机台左侧的音视频显示终端会启动，并进入6A 系统界面。单击屏幕，屏幕的下方会显示操作界面按钮，此时可进行下列操作。

- 单击【监控数据】|【制动】，显示速度值和风管压力值。
- 单击【监控数据】|【防火】，显示传感器和火灾报警。
- 单击【监控数据】|【绝缘】，显示检测电压值。
- 单击【监控数据】|【列供】，显示列供状态及电压电流值。
- 单击【监控数据】|【走行1】，显示所有轴位的温度值。
- 单击【监控数据】|【走行2】，显示速度、晃动和冲动值。
- 单击【视频监控】，显示各个通道的视频图像。
- 单击【故障记录】|【本次上电】，显示本次上电后发生的故障信息。
- 单击【故障记录】|【历史故障】，显示曾经发生的故障信息。

1．绝缘检测

按照《绝缘检测操作说明》进行高压绝缘检测。

注：6A系统的任何报警都不会控车。

2．数据下载

机车运行一个交路回到机务段以后，专门负责下载数据的人员会将运行过程中存储的过程数据下载，并导入到"6A地面专家系统"中，以便进行数据分析，指导检修。下载过程如下。

① 确认USB移动硬盘根目录下有中央处理平台数据下载数字证书文件。确认下载的时间天数，如果下载天数和上次下载的时间有重叠，系统会自动从上次数据下载结束时间开始下载。

② 将6A系统开电，待CPU板卡显示版本信息和时间信息后表示系统启动完毕。启动后CPU1显示屏界面如图9-12所示。

图9-12　启动后CPU1显示屏界面

③ 将授权的USB移动硬盘插入任意一节车的6A系统CPU1板卡前面板的USB插孔中，约10 s后会显示下载开始的时间，然后自动下载数据，液晶屏上的时间停止跳动，如图9-13所示。

图9-13　CPU1显示屏界面

④ 当CPU板卡液晶屏显示"DOWNLOAD...OK"时，即可拔出USB移动硬盘，液晶屏显示的时间会更新为最新时间，并开始跳动，下载完毕，如图9-14所示。

图9-14　CPU1显示屏下载完毕界面

9.2.2　系统检修与维护

6A系统的检修分为日常检修、月度检修、季度检修。

1. 日常检修

（1）故障查看

机车入库后，查看6A系统本次运行的报警情况，并做好记录。所有故障现象可拍照留存。

查看方法：在任何一端的音视频显示终端（【故障查看】|【历史故障】）查看近期的故障。

（2）数据下载

在机车运用初期（暂定一个月），正常情况下，要在机车每次入库后下载6A系统过程数据；运用稳定后，机车每次入库检查后，如果有报警信息应立即下载过程数据，如果无报警信息，可根据实际情况每周下载一次数据。

（3）检修维护

机车运用时期，需要对运用机车进行日常检查和维护。要根据6A系统的使用说明，通过音视频显示终端进行查看，对中央处理平台和各子系统进行状态检查，确认所有子系统均能正常工作。如果发生子系统报警或自检故障，要通知相应的子系统现场售后服务人员进行故障判断和排除。

2. 月度检修

机车运用时期，每月需对6A系统进行定期功能状态确认，以确定6A系统所有功能正常，并达到规定的各项功能要求。检修中如果发现问题应立即通知6A系统售后服务人员进行故障确认并处理，将处理结果上报机务段技术科。

3. 季度检修

机车运用过程中，每三个月要进行一次完整的功能验证试验，以确定中央处理平台和各子系统报警功能正常。

9.2.3　功能验证

1. 机车空气制动安全监测子系统（停放制动非正常施加监测模块）

试验方法如下。

① 在机车处于静止状态下，观察制动监测界面应无停放制动意外施加故障报警。

② 调整停放缸压力小于370 kPa，观察制动监测界面应无停放制动意外施加报警。

③ 调整LKJ，模拟机车速度大于5 km/h。

④ 查看制动界面应在10 s内报停放制动意外施加。

⑤ 调整停放缸压力大于370 kPa，查看制动监测界面报警应在10 s内解除。

⑥ 调整停放缸压力小于370 kPa，查看制动监测界面应在10 s内报停放制动意外施加。

⑦ LKJ速度调整为0，查看制动界面报警应在10 s内解除。

2. 机车空气制动安全监测子系统（机后防折关监测模块）

"客本"或"货本"模式、非调车工况试验方法如下。

① 将机车自动制动阀手柄移至运转位，将列车制动管风压充至定压500 kPa或600 kPa，稳定后，自动制动阀减压140 kPa或170 kPa。

② 查看6A系统制动监测显示界面显示的贯通辆数，误差不大于技术条件的要求。

③ 操作并显示贯通辆数10 s后，自动制动阀再充风至定压并稳定，查看6A系统制动监测显示界面显示的贯通辆数，误差不大于技术条件的要求。

3. 机车防火监控子系统

防火监控子系统采用三种前端防火探测设备：烟温复合探头、高温探测器和感温电缆，主要对这三种探测设备进行基本功能检查。试验方法如下。

① 观察音视频显示终端的防火界面有无火灾报警发生或探头自检是否出现故障。

② 用专用磁铁接触传感器，防火探头会报警，同时音视频显示终端自动切换到相对应的摄像头监测图像。

③ 单击复位按钮，防火探头报警消失。

4. 机车高压绝缘检测子系统

在机车顶部干燥状态下进行绝缘检测试验。

① 将控制气路柜上的蓝钥匙插入6A系统主机的绝缘检测板卡钥匙孔中，打到"开"位。

② 按"出库检测"按钮，板卡屏幕是否会显示检测电压及结果。

③ 按"运行检测"按钮，板卡屏幕是否会显示检测电压及结果。

5. 机车走行部故障监测子系统一

按照如下步骤对走行部故障监测子系统一进行基本功能的检查。

① 查看音视频显示终端的走行1界面，所有轴位的轴温均能正常显示。

② 所有轴位无其他报警显示。

6. 机车供电监测子系统

① 将2 000 Ω（30 W）电阻接入在列供柜600 V+与地之间。

② 给列供控制供电，合主断，进行列供钥匙给电操作。

③ 观察司机室音视频显示终端列供界面和万用表，此时漏电流应为100 mA左右。

④ 将接地电阻更换为800 Ω（30 W），列供柜接地隔离开关打到隔离位；同步骤①②③，

观察音视频显示终端列供界面和万用表，此时漏电流应为160 mA左右。

⑤ 将列供柜接地隔离开关打到投入位，列供柜给电后，延时几秒，列供柜输出隔离，漏电流下降，音视频显示终端上报正线接地故障。

7. 机车自动视频监控及记录子系统

① 跟车观察机车运行中图像质量，进行直观评价（清晰、无扭曲、无抖动、流畅）。

② 对USB移动硬盘进行视频数字证书授权的下载，确认下载的视频通道和时间。

③ 将6A系统开电，待CPU板卡显示版本信息和时间信息后表示系统启动完毕。

④ 将被授权的USB移动硬盘插入AV3板卡前面板的USB插孔中，CPU板卡即显示"视频下载中"字样。

⑤ CPU板卡液晶屏显示"下载完成"，即可拔出USB移动硬盘。

⑥ 用专用视频播放软件对视频文件进行播放，对图像质量进行直观评价。

模块10
专业技术应用文写作

随着时代的发展、社会的进步，铁路行业各工种的科技含量日益增加，产业工人在工作中体力劳动的比重逐年下降，脑力劳动的比重逐年提高，这对从业人员的整体素质提出了更新、更高的要求。

机车检修工作历来是铁路行业的重点岗位，其从业人员不仅要具备相关的专业知识及专业技能，还应具备一定的专业技术应用文的写作能力。因为在其工作过程中，会遇到一些无法预测的突发事件、险情事故等，为避免更大的损失，相关从业人员会涉及应急预案、事故调查报告等专业技术应用文的写作。因此，培养并提高机车检修人员的专业技术应用文写作能力就显得尤为重要。

任务10.1 应用文基础知识

1. 应用文的概念

应用文是人们在日常工作、学习、生活中，联系事情、交流信息、处理事务、解决问题而经常使用并具有一定惯用格式的实用文体。

2. 应用文的特点

（1）实用性

应用文写作都有明确的目的，是处理工作中和生活中的实际问题而写的，比如写一篇请示，是为了向上级请求批准办理某一事项。从这个意义上说，应用文具有直接的功用性和广泛的实用性。

（2）规范性

规范性是指应用文的内容结构和文面格式有规律可循。

应用文的内容结构一般都是约定俗成的，如写计划，一般先写目的，然后再写具体任务、目标、措施、时间、步骤。写调查报告，一般先介绍调查的目的、调查的对象、调查的时间和地点、调查的方式，然后再就调查的问题分项阐述。

应用文的文面格式有两种情况：一种是已固化并被指定的规范格式，如公文格式、司法文书格式、合同格式等；另一种是惯用格式，虽没有严格的规定，但格式比较稳定一致，比如一些会议文书、财务文书和事务文书等。

（3）真实性

真实性是指应用文的内容，作为解决实际问题的应用文体，它必须如实地反映客观现实，必须准确无误，无论处理公务或私务，都要以诚信、诚实为基础，实事求是，遵守道德，讲求信誉，绝不能弄虚作假，虚构编造。比如写会议纪要，不能无中生有，张冠李戴；写调查报告，不能闭门造车，凭想当然来写。

（4）时限性

时限性是指应用文的时间限制，应用文的性质和写作目的决定了应用文的时效性，应用文的各个文种都有时间限制，都是针对一定时间内要解决的问题，没有时限就失去了效用，所以要及时发文，按时办理，这是应用文与其他文体的重要区别。

3. 应用文的写作要求

（1）目的要明确，对象要考虑

写文章，要有明确的目的，写应用文当然也不例外。有了明确的目的，才能做到中心明确，态度鲜明，也才能分清主次，突出重点。如果目的不明就动笔写，结果往往是中途辍笔，或是出现内容杂乱、中心不明、条理不清之类的毛病。

写应用文总是给特定对象看的，对象不同，称呼不同，语气、措词和内容的详略也会不同。

（2）内容要完备，交代要清楚

应用文是为了解决某个问题或传达某种意见、要求而写的，因此，叙写的内容必须完备，交代的事项必须清楚，必要的事项不能遗漏。比如写会议通知，如果写了会议的内容、开会的时间，而遗漏了开会的地点或遗漏了到会人必须携带的材料，都会误事，不能起到通知的作用。

（3）语言要准确，行文要简洁

应用文不是文艺作品，不必也不允许追求情节的奇特、词藻的华丽，它要求语言准确，不产生歧义。

标点符号使用得正确与否，有时也会影响语言的准确性，所以标点符号的使用也要准确。

言简意明是应用文的行文要求，因此陈述事情要开门见山、直截了当、实话实说，不绕弯子，不故弄玄虚，不矫揉造作，应长话短说，用平实简洁的语言来表达自己的思想。

（4）格式要规范，书写要端正

应用文有一定的格式和习惯用语，这是人们在长期实践过程中约定俗成的，不能随便变更或省略。如果要写公之于众的通知，开头居中如果不用大一点的字体写明"通知"或"紧急通知"，就不能引起被通知者的注意。

文字是书面语言表达的符号，符号不清，既影响表达效果，有时还会误事，这种事例在现实生活和工作中是屡见不鲜的。因此，应用文的字迹必须清楚端正，不要写错别字，这一点也许比其他文体更显得重要。假如字迹太潦草，错别字连篇，使人读了不知所云，就失去"应用"的价值了。

任务10.2　应急预案

1. 应急预案的概念

应急预案又称应急计划，是针对可能的突发事件，如自然灾害、重特大事故、环境公害及人为破坏等，为保证迅速、有序、有效地开展应急与救援行动，降低事故损失而预先制定的有关计划或方案。它是在辨识和评估潜在的重大危险、事故类型、发生的可能性、发生过程、事故后果及影响严重程度的基础上，对应急机构与职责、人员、技术、装备、设施（备）、物资、救援行动及其指挥与协调等方面预先做出的具体安排。它明确了在突发事故发生之前、发生过程中及刚刚结束之后，谁负责做什么、何时做，以及相应的策略和资源准备等。

国际惯例把突发公共事件分为以下四类、四个等级。四类为：自然灾害、事故灾难、公共卫生事件、社会安全事件。四个等级为：Ⅰ级（特别重大）、Ⅱ级（重大）、Ⅲ级（较大）和Ⅳ级（一般），依次用红色、橙色、黄色和蓝色表示。

自然灾害主要包括水旱灾害、气象灾害、地震灾害、地质灾害、海洋灾害、生物灾害和森林草原火灾等。事故灾难主要包括工矿商贸等企业的各类安全事故、交通运输事故、公共设施和设备事故、环境污染和生态破坏事件等。公共卫生事件主要包括传染病疫情、群体性不明原因疾病、食品安全和职业危害、动物疫情，以及其他严重影响公众健康和生命安全的事件。社会安全事件主要包括恐怖袭击事件、经济安全事件、涉外突发事件等。

2. 应急预案的作用

① 应急预案明确了应急救援的范围和体系，使应急准备和应急管理有据可依、有章可循。

② 应急预案有利于做出及时的应急响应，降低事故后果。

③ 应急预案是各类突发重大事故的应急基础。通过编制基本应急预案，可以保证应急预案具有足够的灵活性，对那些事先无法预料到的突发事件或事故，可以起到基本的应急指导作用。针对特定危害编制专项应急预案，可以有针对性地制定应急措施，进行专项应急准备和演习。

④ 当发生超过应急能力的重大事故时，应急预案便于与上级应急部门协调。

⑤ 应急预案有利于提高全社会的风险防范意识。

3. 应急预案的主要内容

（1）综合应急预案

综合应急预案是从总体上阐述事故的应急方针、政策，应急组织结构及相关应急职责，应急行动、措施和保障等基本要求和程序，是应对各类事故的综合性文件。

（2）专项应急预案

专项应急预案是针对具体的事故类别（如防洪、危险化学品泄漏等）、危险源和应急保障而制订的计划或方案，是综合应急预案的组成部分，应按照应急预案的程序和要求组织制订，并作为综合应急预案的附件。专项应急预案应制订明确的救援程序和具体的应急救援措施。

（3）现场处置方案

现场处置方案是针对具体的装置、场所或设施、岗位所制订的应急处置措施。现场处置方案应具体、简单、针对性强。现场处置方案应根据风险评估及危险性控制措施逐一编制，做到事故相关人员应知应会，熟练掌握，并通过应急演练，做到迅速反应、正确处置。

4. 制订应急预案的原则

（1）统一领导的原则

预案的制订应该明确政府或企业负责人对救灾工作的领导作用和责任。

（2）层次分明的原则

按照政府或企业管理者的层次划分，各级政府或企业管理者只做本级的预案。

（3）部门分工负责的原则

预案中涉及的有关灾害预防、预替、紧急响应、相关保障、灾后恢复重建等环节，按照明确的各部门职能分工确认，不出现扯皮现象。

（4）综合协调的原则

在制订预案过程中，如果涉及工作职能空档，要明确综合协调的职能机构和人员，做到职能间的相互衔接。

（5）宏观要求与实际操作相结合的原则

上级部门制订预案时要从宏观角度出发总揽全局，把涉及的主要灾种都囊括起来，形成工作总纲。如果确有必要，可分灾种制订工作预案作为总预案的附件。要根据职能划分对下级部门制订的预案提出要求，但不应对具体操作环节进行规定；各下级部门预案要在上述原则的基础上，明确针对的灾种，体现实际的可操作性。

（6）重点突出的原则

应急预案要紧扣业务特点，体现工作特色，突出细化落实预案各个环节的相关内容，强调保障手段和各项措施的落实，如物资储备、交通、通信保障等。

5. 应急预案的编制方法

① 总则。说明编制预案的目的、工作原则、编制依据、适用范围等。

② 组织指挥体系及职责。明确各组织机构的职责、权利和义务，以突发事故应急响应全过程为主线，明确事故发生、报警、响应、结束、善后处理处置等环节的主管部门与协作部门；以应急准备及保障机构为支线，明确各参与部门的职责。

③ 预警和预防机制。包括信息监测与报告、预警预防行动、预警支持系统、预警级别及发布。

④ 应急响应。包括分级响应程序（原则上按一般、较大、重大、特别重大四级启动相应预案），信息共享和处理，通信，指挥和协调，紧急处置，应急人员的安全防护，群众的安全防护，社会力量动员与参与，事故调查分析、检测与后果评估，新闻报道，应急结束等。

⑤ 后期处置。包括善后处置、社会救助、保险、事故调查报告和经验教训总结及改进建议。

⑥ 保障措施。包括通信与信息保障，应急支援与装备保障，技术储备与保障，宣传、培训和演习，监督检查等。

⑦ 附则。包括有关术语、定义，预案管理与更新，国际沟通与协作，奖励与责任，制订与解释部门，预案实施或生效时间等。

⑧ 附录。包括相关的应急预案、预案总体目录、分预案目录、各种规范化格式文本，相关机构和人员等。

任务10.3　事故调查报告

1. 事故调查报告的概念

事故调查报告是对发生的事故进行深入细致的调查后，将调查中收集到的材料加以系统整理、分析研究，然后以书面的形式向上级汇报调查情况的一种文书。

2. 事故调查报告的写法

事故调查报告一般由标题、导言、对事故的详细记叙、结论四部分组成。

① 标题。一般来说有以下几种写法：第一种，概括调查的单位、内容与范围再加上文种，如《某局某段某机车火灾事故调查报告》。第二种，直接揭示调查结论，如《疏忽造成大事故》。第三种，采用正副标题形式，将前两种标题结合使用，如《疏忽造成大事故——某局某段某机车火灾事故调查报告》。

② 导言。一般分为事故概况和调查简况两部分。

③ 对事故的详细记叙。这部分一般由以下三方面构成：第一，事故涉及人员及受损的详细情况；第二，事故的详细经过，包括事故发生的时间、地点、经过、导致的结果及人员伤亡、经济损失等多方面损失的评估；第三，事故的原因分析，包括客观原因（即直接原因）、主观原因（即间接原因）、根本原因等。

④ 结论。包括对事故责任人的确认、对事故下的结论。

任务10.4　专业技术论文

1. 专业技术论文的概念

专业技术论文是指用来进行科学研究和描述科研成果的文章。它既是探讨问题进行科学研究的一种手段，又是描述科研成果进行学术交流的一种工具。

2. 专业技术论文的特点

（1）学术性

学术性是专业技术论文的主要特征，它以学术成果为表述对象，以学术见解为论文核心，在科学实验（或试验）的前提下阐述学术成果和学术见解，揭示事物发展、变化的客观规律，探索科技领域中的客观真理，推动科学技术的发展。学术性是否强是衡量科技论文价值的标准。

（2）创新性

专业技术论文必须是作者本人研究的，并在科学理论、方法或实践上获得的新的进展或突破，应体现与前人不同的新思维、新方法、新成果。

（3）科学性

专业技术论文的内容必须客观、真实，定性和定量准确，不允许丝毫虚假，要经得起他人的重复和实践检验。论文的表达形式也要具有科学性，论述应清楚明白，不能模棱两可，语言要准确、规范。

3. 专业技术论文的基本格式

一篇完整的专业技术论文通常由题目、署名、摘要、关键词、前言、正文、结论、致谢、参考文献、附录十个项目构成。以下就其中重点项目的写法做一简要介绍。

（1）题目

题目是专业技术论文精髓的集中体现，是读者了解论文内容的窗口，是资料检索的向导。好的题目必须做到直接、具体、醒目和通俗。

（2）摘要

又称提要。它是专业技术论文基本内容的缩影。这部分内容应包括：从事这一研究的目的和重要性；研究的主要内容，完成了哪些工作；获得的基本结论和成果；结论或成果的意义等。其写作的基本要求是简短扼要、完整准确、客观公允，不必作注释和评价。字数以不超过全文的5%为宜。

（3）关键词

又称主题词。是为了便于计算机检索文献的需要，从论文的题目和主旨中选出最能体现论文中心内容的词或词组。每篇论文关键词的数量一般为3～8个，选用原则是少而精。关键词的位置在摘要的下一行，要按一定的顺序依次排列。

（4）前言

也称引言、导论、导言、序言等。其内容包括选题的原由、目的、意义，论文的主题，背景材料，研究工作的规模与范围，研究中的新发现、新观点等。这部分的阐述应客观准确、言简意赅、一目了然，切忌空泛。

（5）正文

这部分是全文的主体部分，其论述内容包括实验描述与理论阐释两部分。实验描述部分的重点是观察、调查、实验的记录和表述。写作时应客观精确、层次分明、简洁扼要，难以用文字表达的，可以借助于图表，但使用时应遵循精简的原则。理论阐释部分主要是逻辑推理，要提出论文基于的事实、要点、适用范围或前提条件等。在逻辑分析时要对感性材料进行整理，去伪存真，去粗取精，然后进行由此及彼、由表及里的归纳、演绎、分析、综合、比较和类比等，从而形成正确的观点。这部分写作时应做到概念明确、判断准确，推理合乎逻辑；在观点与材料之间要做到观点统率材料，材料说明观点，材料与观点统一。

（6）结论

这部分是实验描述和理论分析的归宿，是科研成果的结晶，对整篇论文起着画龙点睛的作用。这部分包括对基本论点的概括归纳、课题研究的展望及遗留问题的说明等。写作时应做到精炼、完整、准确。

任务10.5　总结

1. 总结的概念

工作、学习了一个阶段后，回顾、检查一下前一阶段的情况，看看有哪些成绩、哪些缺点，把经验和教训找出来，以便今后改进，将这些写成书面文字，就是总结。

2. 总结的种类

按内容分，总结有工作总结、学习总结、生产总结等。按时间分，总结有年度总结、季度总结、月份总结、阶段总结等。按性质分，总结有全面总结、专题总结等。按范围分，总结有单位总结、个人总结等。按功能分，总结有汇报总结、经验总结等。

3. 总结的写法

总结一般由标题、正文、结尾三部分组成。

① 标题。工作总结的标题通常由单位、期限、性质、文种组成，如《宝鸡铁路技师学院教务处2018学年度工作总结》。个人总结的标题直接写性质和文种即可，如《学习总结》《工作总结》等。

② 正文。总结的正文部分一般包括以下四项内容。第一，情况概述。简要地交代工作或学习的时间、背景、大体过程和成绩、效果等。第二，主要做法、经验和体会。这部分是总结的重点，可以先讲做法，后讲体会、经验；也可以根据内容分成几个问题，一个一个地写，每个问题既有做法又有体会；还可以把工作或学习分成几个阶段，按时间顺序来介绍情况，谈体会。第三，存在的问题和教训。问题要提得准确，以便今后去解决；教训则侧重今后要注意避免和克服的方面。第四，今后的努力方向。努力方向要写明确，对下一步工作或学习的设想、安排意见要提得切实可行。

③ 结尾。包括具名和日期。

参 考 文 献

［1］莫坚.电力机车检修（高职）.北京：中国铁道出版社，2015.

［2］荣林.神华八轴交流电力机车.北京：中国铁道出版社，2014.

［3］张铁竹.电力机车检修.北京：中国铁道出版社，2017.

［4］中国铁路总公司运输局.铁路动车组运用维修规程.北京：中国铁道出版社，2013.

［5］魏玉光.铁路安全风险管理普及读本.北京：中国铁道出版社，2012.

［6］朱晓宁.旅客运输心理学.北京：中国铁道出版社，2013.

［7］《机车"6A"系统知识读本》编委会.机车"6A"系统知识读本.北京：中国铁道出版社，2015.